Diogenes Taschenbuch 23763

de
te
be

Kleine Diogenes Bibliothek der Weisheit

Paulo Coelho

Handbuch des Kriegers des Lichts

Aus dem Brasilianischen von Maralde Meyer-Minnemann

Diogenes

Titel der 1997 bei Editora Objetiva Ltda.,
Rio de Janeiro, erschienenen Originalausgabe:
›Manual do guerreiro da luz‹

Der vorliegende Text gehört wie ›Der Wanderer‹
und ›Unterwegs‹ zum ›Maktub‹-Zyklus und ist,
mit Ausnahme des Prologs und des Epilogs,
zwischen 1993 und 1996 in brasilianischen und
ausländischen Zeitungen erschienen
Paulo Coelho: www.paulocoelho.com
Die deutsche Erstausgabe erschien 2001
im Diogenes Verlag
Umschlagillustration: ›Schreitender Löwe‹,
nach einem babylonischen Wandfries aus der Zeit
Nebukadnezars II. (604–562 v. Chr)

Für S.I.L., Carlos Eduardo Rangel und Anne Carrière,
Meister der Disziplin und des Mitgefühls

Veröffentlicht als Diogenes Taschenbuch, 2008

www.diogenes.ch
120/08/44/1
ISBN 978 3 257 23763 4

Der Jünger ist nicht über
den Meister erhaben;
wenn er aber ganz
vollendet ist, so wird
er sein wie sein Meister.

Lukas 6:40

PROLOG

»Vom Strand östlich des Dorfes aus kann man eine Insel sehen, auf der sich eine riesige Kirche mit unzähligen Glocken erhebt«, sagte die Frau zu dem kleinen Jungen.

Er hatte sie noch nie zuvor in der Gegend gesehen; ihm fiel auf, daß sie fremdartige Kleider und über dem Haar einen Schleier trug.

»Kennst du diese Kirche?« fragte sie ihn. »Schau sie dir an, und erzähl mir dann, wie du sie findest.«

Von der Schönheit der Frau betört, machte sich der Junge sogleich auf den Weg zum Strand. Er setzte sich in den Sand, suchte den Horizont mit den Blicken ab, sah aber nichts als das, was er immer sah: den blauen Himmel und den Ozean.

Enttäuscht lief er zum nächsten Weiler und fragte die Fischer, ob sie etwas von einer Insel und einer Kirche gehört hätten.

»Ja, vor langer Zeit wohnten meine Urgroßeltern dort«, antwortete ihm ein alter Fischer. »Aber dann kam ein Erdbeben, und die Insel ist versunken. Dennoch hören wir noch heute manchmal, obwohl wir sie nicht sehen können, die Glocken der Kirche, wenn das Wogen der Wellen sie unten auf dem Meeresgrund erklingen läßt.« Das Kind kehrte zum Strand zurück: Es wartete den ganzen Nachmittag, aber da war nichts als das Tosen der Wellen und das Kreischen der Möwen.

Bei Einbruch der Dunkelheit kamen die Eltern das Kind holen. Doch schon am nächsten Morgen kehrte es wieder zum Strand zurück. Das Bild der Frau ließ ihm keine Ruhe, und es kam ihm undenkbar vor, daß ein so schöner Mensch nicht die Wahrheit gesagt haben könnte. Wenn sie eines Tages wiederkäme, wollte es ihr sagen können, daß es die Insel zwar nicht gesehen, aber die Kirchenglocken gehört habe, die die Wellen zum Klingen brachten. So gingen die Monate ins Land: Die Frau kehrte nicht zurück, und der kleine Junge vergaß sie; aber die versunkene Kirche vergaß er nicht, denn eine Kirche birgt immer irgendwelche Reichtümer und Schätze. Wenn der Junge die Glokken hören könnte, würde er die Gewißheit haben, daß die Fischer die Wahrheit gesagt hatten, und wenn er einmal groß war, würde er so viel Geld zusammenbringen, daß er eine Expedition ausrüsten und den verborgenen Schatz heben konnte.

Der Junge verlor das Interesse an der Schule, an seinen Kameraden. Er wurde zur beliebten Zielscheibe des Spottes der anderen Kinder, die ihn verhöhnten und sagten: »Er ist nicht wie wir. Er guckt lieber aufs Meer, und mit uns spielen will er auch nicht, weil er Angst hat zu verlieren.«

Und sie lachten über den kleinen Jungen, der immer am Strand saß.

Obwohl er die alten Kirchenglocken noch immer nicht hören konnte, lernte er doch jeden Morgen etwas Neues dazu. Zuerst entdeckte er, daß er sich nicht mehr von den Wellen ablenken ließ, weil ihm ihr Rollen inzwischen ganz vertraut war. Wenig später hatte er sich auch an das Geschrei der Möwen und das tiefe Summen der Bienen gewöhnt und an das Schleifen der Palmblätter im Wind.

Sechs Monate nach seiner ersten Begegnung mit der Frau ließ sich der Junge von keinem Geräusch mehr ablenken – aber die Glocken der versunkenen Kirche hörte er immer noch nicht.

Andere Fischer gesellten sich zu ihm an den Strand. »Wir, wir hören sie!« behaupteten sie steif und fest.

Aber der Junge hörte sie nicht.

Nach einiger Zeit aber sagten die Fischer zu ihm: »Du kümmerst dich zu sehr um das Läuten der Glocken, laß gut sein, und geh wieder mit deinen Kameraden spielen. Vielleicht sind wir Fischer die einzigen, die sie hören können.«

Etwa ein Jahr später beschloß der Junge aufzugeben. »Die Männer haben wahrscheinlich recht. Am besten, ich werde ebenfalls Fischer, wenn ich groß bin. Dann kehre ich jeden Morgen hierher an den Strand zurück und höre die Glocken.« Und er dachte auch: »Vielleicht ist ja alles nur ein Märchen, und die Glocken sind beim Erdbeben kaputtgegangen und erklingen nie wieder.«

An jenem Nachmittag beschloß er, nach Hause zu gehen.

Als er zum Abschied an den Ozean trat, schaute er noch einmal die Natur ringsum an, und da ihn die Glocken nicht mehr kümmerten, konnte er sich über das Rufen der Möwen, das Rauschen des Meers und das Schleifen der Palmenblätter im Wind freuen. In der Ferne hörte er die Stimmen seiner Spielkameraden, mit denen er bald wieder freudig herumtollen würde. Sie hatten ihn lange verspottet, doch das würden sie bald vergessen und ihn wieder mitspielen lassen.

Der Junge war froh und dankbar, am Leben zu sein. Er wußte nun, daß das Warten nicht umsonst gewesen war, da er gelernt hatte, die Natur zu beobachten und sich an ihr zu erfreuen.

Und da hörte er, weil er dem Meer, den Möwen, dem Schleifen der Palmenblätter und den Stimmen seiner Spielkameraden lauschte, die erste Glocke.

Und noch eine.

Und noch eine weitere. Bis alle Glocken der versunkenen Kirche zu läuten begannen und ihn mit Freude erfüllten.

Jahre später kam er als erwachsener Mann in das Dorf seiner Kindheit zurück. Er hatte nicht vor, irgendeinen Schatz zu heben, der auf dem Meeresgrund lag, denn vermutlich war das alles nur kindliche Träumerei gewesen, und er hatte die versunkenen Glocken nie läuten hören. Trotzdem beschloß er, zum Strand hinunterzugehen, um dem Rauschen des Windes und den Rufen der Möwen zu lauschen.

Da sah er zu seiner Überraschung die Frau, die ihm von der Insel und der Kirche erzählt hatte, im Sand sitzen.

»Was machst du hier?« fragte er.

»Ich habe auf dich gewartet.«

In all den Jahren hatte sie sich nicht verändert. Derselbe Schleier verbarg ihr Haar und war von der Zeit nicht zerstört worden.

Sie reichte ihm ein blaues Heft mit leeren Seiten.

»Schreib: Ein Krieger des Lichts achtet auf den Blick eines Kindes, weil Kinder die Welt ohne Bitterkeit sehen können. Wenn er wissen möchte, ob ein Mensch sein Vertrauen verdient, schaut er ihm mit den Augen eines Kindes ins Gesicht.«

»Was ist ein Krieger des Lichts?«

»Du weißt es«, entgegnete sie lächelnd. »Es ist derjenige, der das Wunder des Lebens zu begreifen weiß, der um das, woran er glaubt, bis zum Letzten kämpft und auch die Glocken hören kann, die das Meer in seinen Tiefen festhält.«

Er war nie auf den Gedanken gekommen, daß er ein Krieger des Lichts sein könnte. Die Frau schien seine Gedanken zu erraten.

»Jeder Mensch ist dazu in der Lage. Und niemand hält sich für einen Krieger des Lichts, obwohl jeder einer sein könnte.«

Er schaute auf die Seiten im Heft. Die Frau lächelte wieder.

»Schreib!« sagte sie abermals.

HANDBUCH DES KRIEGERS DES LICHTS

Ein Krieger des Lichts vergißt niemals, dankbar zu sein.

Die Engel haben ihm im Kampf beigestanden; die himmlischen Heerscharen haben einem jeden Ding seinen rechten Platz zugewiesen und dem Krieger des Lichts erlaubt, sein Bestes zu geben.

Seine Gefährten meinen: »Was hat er doch für ein Glück!« Denn ein Krieger des Lichts erreicht oft mehr, als seine Fähigkeiten erwarten lassen.

Daher kniet er bei Sonnenuntergang nieder und dankt dem schützenden Mantel, der ihn umgibt.

Aber seine Dankbarkeit beschränkt sich nicht auf die spirituelle Welt. Er vergißt niemals seine Freunde, weil ihr Blut sich auf dem Schlachtfeld mit seinem vermischt hat.

Einen Krieger des Lichts braucht man nicht an von anderen erwiesene Hilfe zu erinnern. Er erinnert sich von allein daran und teilt die Belohnung mit ihnen.

Alle Wege der Welt führen mitten ins Herz des Kriegers: Er taucht, ohne zu zögern, in den Strom der Leidenschaften ein, der durch sein Leben fließt.

Der Krieger weiß, daß er frei ist, zu wählen, was er wünscht. Seine Entscheidungen trifft er mutig, uneigennützig und zuweilen auch mit einer kleinen Prise Verrücktheit.

Er nimmt seine Leidenschaften an und genießt intensiv. Er weiß, daß er auf die Begeisterung der Eroberungen nicht verzichten muß. Sie gehören zum Leben und erfreuen alle, die daran teilhaben.

Dagegen verliert er die dauerhaften Dinge und die festen Bande, die sich im Laufe der Zeit herausgebildet haben, nie aus den Augen.

Ein Krieger des Lichts weiß zu unterscheiden zwischen dem, was vergänglich ist, und dem, was endgültig ist.

Der Krieger verläßt sich nicht nur auf seine eigenen Kräfte. Er nutzt auch die Energie seines Gegners.

Zu Beginn des Kampfs besitzt er nichts als seine Begeisterung und die Schwertparaden, die er sich durch lange Übung angeeignet hat; bald stellt er jedoch fest, daß Übung und Begeisterung zum Siegen nicht ausreichen; es braucht dazu noch die Erfahrung.

Da öffnet er sein Herz dem Universum und bittet Gott, ihn zu erleuchten, damit er die Schwerthiebe des Feindes umkehren und zu seiner eigenen Verteidigung nutzen lerne.

Seine Gefährten werden ihn abergläubisch finden und höhnen: »Er hat den Kampf unterbrochen, um zu beten, und er respektiert die Finten seines Gegners.«

Der Krieger des Lichts läßt sich dadurch nicht provozieren. Er weiß, daß Übung allein, ohne Inspiration und ohne Erfahrung, nichts bewirken kann.

Ein Krieger des Lichts ist kein Betrüger: Doch er versteht es, seinen Gegner abzulenken.

So begierig er auch ist, wird er immer strategisch vorgehen, um sein Ziel zu erreichen. Fühlt er sich am Ende seiner Kräfte, so wird er sich betont Zeit lassen, damit sein Feind annimmt, er habe es nicht eilig. Wenn dieser erwartet, daß er rechts angreift, zieht er seine Truppen nach links. Wenn er sofort kämpfen will, beginnt er zu gähnen und macht sich zum Schlafen fertig.

Seine Freunde meinen: »Seht, wie schnell seine Begeisterung verpufft!« Aber er schert sich nicht darum, was sie sagen, denn sie kennen seine Taktiken nicht.

Ein Krieger des Lichts weiß, was er will. Er braucht keine Erklärungen abzugeben.

Viele Strategien eines Kriegers des Lichts richten sich nach dem, was vor über zwei Jahrtausenden ein chinesischer Weiser gesagt hat:

»Laß deine Feinde glauben, daß der Ausgang des Kampfes dir nicht viel bedeutet, und ihre eigene Begeisterung schwindet dahin. Schäme dich nicht, vorübergehend die Schlacht zu verlassen, wenn du spürst, daß dein Feind stärker ist als du. Was zählt, ist nicht die einzelne Schlacht, sondern der Ausgang des Krieges. Bist du stark genug, dann schäme dich nicht, Schwäche vorzutäuschen. Das lockt deinen Feind aus der Reserve und verführt ihn dazu, zu früh anzugreifen. In einem Krieg ist der Überraschungsangriff der Schlüssel zum Sieg.«

Merkwürdig ist es schon«, sagt sich der Krieger des Lichts. »Warum treffe ich bloß so viele Menschen, die sich bei der erstbesten Gelegenheit von ihrer schlechtesten Seite zeigen? Sie verbergen ihre innere Kraft hinter Aggressivität, ihre Angst vor der Einsamkeit hinter der Maske der Unabhängigkeit. Sie glauben nicht an ihre eigenen Fähigkeiten und vertun doch ihre Zeit damit, ihre Vorzüge in alle vier Himmelsrichtungen hinauszuposaunen.«

Der Krieger liest diese Zeichen bei vielen Männern und Frauen, die er kennt. Er läßt sich nicht vom Schein täuschen und schweigt lieber, wenn man versucht, ihn zu beeindrucken. Doch er ergreift die erstbeste Gelegenheit, um seine eigenen Fehler zu korrigieren, denn die anderen sind stets ein guter Spiegel unserer selbst.

Ein Krieger nutzt alle Gelegenheiten, sein eigener Meister zu werden.

Der Krieger des Lichts kämpft manchmal mit denen, die er liebt.

Der Mensch, der seine Freunde behält, wird niemals von den Stürmen des Lebens beherrscht. Er hat die Kraft, die Schwierigkeiten zu überwinden und voranzuschreiten.

Häufig jedoch fühlt er sich von denen herausgefordert, denen er beibringt, das Schwert zu führen. Seine Schüler fordern ihn zum Kampf heraus.

Und der Krieger zeigt, wozu er fähig ist: Mit wenigen Paraden entwaffnet er seine Schüler, und die Harmonie kehrt an ihren Versammlungsort zurück.

»Warum tust du das, wo du ihnen doch haushoch überlegen bist?« fragt ihn ein Reisender.

»Weil sie, wenn sie mich herausfordern, in Wahrheit mit mir in Kontakt kommen wollen und ich so den Dialog aufrechterhalte«, entgegnet der Krieger.

Bevor der Krieger einen Kampf beginnt, fragt er sich, wie weit es mit seiner Geschicklichkeit her ist.

Er weiß, daß er aus den bereits geschlagenen Schlachten seine Lehren gezogen hat, auch wenn diese oft unnötig schmerzvoll waren. Mehrfach hat er seine Zeit damit vertan, für etwas zu kämpfen, das sich als falsch erwies, oder wegen Menschen gelitten, die seiner Liebe nicht würdig waren.

Aber Sieger machen nie zweimal denselben Fehler. Daher riskiert der Krieger des Lichts sein Herz nur für etwas, das es wert ist.

Ein Krieger des Lichts befolgt die wichtigste Lehre des *I Ging*: »Die Beharrlichkeit ist günstig.«

Er weiß, daß Beharrlichkeit nichts mit Trotz zu tun hat. Es gibt Zeiten, in denen die Kämpfe sich unnötig hinziehen, an seinen Kräften zehren und seine Begeisterung dahinschwindet.

In diesen Augenblicken denkt der Krieger nach: »Ein Krieg, der zu lange dauert, vermag am Ende sogar das Land, das gesiegt hat, zu zerstören.«

Daher zieht er seine Kräfte vom Schlachtfeld ab und gewährt sich eine Waffenpause. Er bleibt beharrlich im Wollen, doch weiß er den besten Augenblick für einen neuerlichen Angriff abzuwarten.

Ein Krieger kehrt immer zum Kampf zurück. Allerdings nicht aus Trotz, sondern weil sich das Blatt gewendet hat.

Zuweilen stellt der Krieger des Lichts fest, daß sich bestimmte Augenblicke wiederholen.

Häufig sieht er sich vor Probleme gestellt, vor denen er schon einmal gestanden hat. Dann ist er niedergeschlagen und macht sich Vorwürfe, weil er meint, er käme im Leben einfach nicht weiter, weil er erneut mit denselben Schwierigkeiten zu kämpfen hat.

»Das habe ich doch alles schon einmal durchgemacht«, klagt er dann seinem Herzen.

»Stimmt, du hast das alles schon einmal durchgemacht«, antwortet das Herz. »Aber wirklich überwunden hast du die Probleme nicht.«

Da begreift der Krieger, daß hinter der Wiederholung seiner Erfahrungen nur ein einziges Ziel steht: ihn zu lehren, was er noch nicht begriffen hat.

Ein Krieger des Lichts tut immer Außergewöhnliches.

Er tanzt beispielsweise auf dem Weg zur Arbeit auf der Straße. Oder blickt einem Unbekannten in die Augen und spricht sofort von Liebe. Er verficht eine Idee, die lächerlich wirken mag. Der Krieger des Lichts erlaubt sich derlei Dinge.

Er fürchtet sich weder, über vergangenen Schmerz zu weinen, noch, über Neuentdecktes zu jauchzen.

Wenn er spürt, daß die Stunde gekommen ist, läßt er alles zurück und bricht zu dem Abenteuer auf, von dem er immer geträumt hat. Wenn er erkennt, daß er an der Grenze seiner Widerstandskraft angekommen ist, verläßt er den Kampf, ohne sich deswegen Vorwürfe zu machen.

Ein Krieger verbringt seine Tage nicht damit, eine Rolle zu spielen, die andere für ihn ausgesucht haben.

Nie verliert ein Krieger des Lichts seinen leuchtenden Blick.

Er steht mit beiden Füßen auf dem Boden, nimmt am Leben anderer Menschen teil und tritt seine Reise ohne Rucksack und Sandalen an. Oft ist er auch feige, und nicht immer handelt er den Regeln entsprechend.

Der Krieger des Lichts leidet unter Dingen, die es nicht wert sind, ist oft kleinlich und kann sich oft nicht vorstellen, daß auch er fähig ist, zu wachsen. Häufig hält er sich eines Segens oder eines Wunders für unwürdig.

Er weiß nicht immer, was er hier eigentlich tut. Liegt oftmals nächtelang wach, weil er findet, sein Leben habe keinen Sinn.

Deshalb ist er ein Krieger des Lichts. Weil er sich irrt. Weil er sich Fragen stellt. Weil er einen Sinn sucht; und er wird ihn ganz gewiß finden.

Ein Krieger des Lichts fürchtet nicht, verrückt zu erscheinen.

Wenn er allein ist, führt er laute Selbstgespräche. Er hat gehört, dies sei die beste Art, mit den Engeln zu kommunizieren, und er sucht diesen Kontakt.

Anfangs merkt er, wie schwierig es ist. Er meint, er habe nichts zu sagen und würde ohnehin immer den gleichen Unsinn reden. Dennoch gibt der Krieger nicht auf. Täglich hält er Zwiesprache mit seinem Herzen. Sagt Dinge, die er selbst nicht glaubt, völligen Unsinn.

Eines Tages wird er eine Veränderung an seiner Stimme wahrnehmen. Und begreifen, daß eine höhere Weisheit durch ihn spricht.

Der Krieger wirkt verrückt, doch das ist nur ein Täuschungsmanöver.

Seine Feinde wählt sich der Krieger des Lichts selbst«, sagt der Dichter.

Er kennt seine Fähigkeiten und Talente und braucht sie nicht in alle Welt hinauszuposaunen. Dennoch taucht ständig jemand auf, der ihm seine Überlegenheit beweisen will.

Für den Krieger gibt es kein »besser« oder »schlechter«: Jeder hat die Talente, die er für seinen eigenen Weg braucht.

Aber es gibt Menschen, die lassen nicht lokker. Sie provozieren und beleidigen ihn und setzen alles daran, ihn zu verärgern. In solchen Augenblicken sagt sein Herz: »Kümmere dich nicht um diese Beleidigungen, sie werden deine Geschicklichkeit nicht vergrößern. Du wirst dich nur sinnlos verausgaben.«

Ein Krieger des Lichts vergeudet seine Zeit nicht damit, sich auf Provokationen einzulassen; er hat ein Schicksal, das es zu erfüllen gilt.

Der Krieger des Lichts erinnert sich an die Worte von John Bunyan:

»Auch wenn ich all das durchgemacht habe, was ich durchgemacht habe, bereue ich die Schwierigkeiten nicht, in die ich mich begeben habe – weil sie es waren, die mich dorthin brachten, wohin ich zu gelangen wünschte. Jetzt ist alles, was ich besitze, dieses Schwert, und ich übergebe es jedem, der seinen Pilgerweg gehen möchte. Ich trage die Spuren und Narben der Kämpfe – sie sind Zeugen dessen, was ich erlebt, und Belohnungen für das, was ich errungen habe.

Diese Spuren und Narben sind es, die mir die Tore zum Paradies öffnen werden. Es gab einmal eine Zeit, in der ich Berichten von Heldentaten lauschte. Es gab einmal eine Zeit, in der ich nur lebte, weil ich leben mußte.

Aber jetzt lebe ich, weil ich ein Krieger bin und weil ich eines Tages an der Seite dessen sein möchte, für den ich so sehr gekämpft habe.«

In dem Augenblick, in dem er losschreitet, erkennt ein Krieger des Lichts den Weg.

Jeder Stein, jede Biegung des Weges heißen ihn willkommen. Er wird eins mit den Bergen und den Bächen, findet etwas von seiner Seele in den Vögeln und in den Pflanzen und Tieren auf dem Felde.

Da nimmt er Gottes Hilfe und die Hilfe seiner Zeichen an und läßt sich von seinem Lebenstraum zu den Aufgaben führen, die das Leben für ihn bereithält.

In manchen Nächten hat er kein Lager zum Schlafen, in anderen bekommt er kein Auge zu. »Das gehört dazu«, denkt der Krieger. »Ich habe mich entschieden, diesen Weg hier zu gehen.«

In dieser Phase steht alles in seiner Macht: Er selber hat den Weg gewählt, auf dem er jetzt geht, und keinen Grund, sich zu beklagen.

Von nun an – und noch ein paar hundert Jahre lang – wird das Universum den Kriegern des Lichts helfen und die Voreingenommenen boykottieren.

Die Energie der Erde muß erneuert werden.

Neue Ideen brauchen Raum.

Körper und Seele brauchen neue Herausforderungen.

Die Zukunft ist Gegenwart geworden, und alle Träume außer denen, die auf Vorurteilen aufbauen, werden Gelegenheit bekommen, sich zu verwirklichen.

Wichtiges bleibt, Unwichtiges verschwindet. Doch der Krieger weiß, daß er nicht über die Träume anderer zu richten hat, und verliert keine Zeit damit, fremde Entscheidungen zu kritisieren.

Um an seinen eigenen Weg zu glauben, muß er nicht zuerst beweisen, daß der Weg des anderen falsch ist.

Ein Krieger des Lichts überlegt sehr genau, welche Stellung es für ihn zu erobern gilt.

So schwer erreichbar sein Ziel auch erscheinen mag, so finden sich doch immer Möglichkeiten, die Hindernisse zu überwinden. Er wird alternative Wege prüfen, sein Schwert schärfen, sein Herz mit der notwendigen Beharrlichkeit füllen, um der Herausforderung gerecht zu werden.

Doch unterwegs begegnet der Krieger Schwierigkeiten, mit denen er nicht gerechnet hat.

Wenn er auf den idealen Augenblick wartet, wird er nicht von der Stelle kommen; um den nächsten Schritt zu tun, bedarf es einer Prise Verrücktheit.

Der Krieger setzt eine Prise Verrücktheit ein. Denn weder im Krieg noch in der Liebe läßt sich alles vorausplanen.

So wie der Krieger des Lichts seine Fehler kennt, kennt er auch seine Vorzüge.

Einige seiner Weggefährten beklagen sich: »Die anderen haben mehr Glück als wir.«

Mag sein, daß sie recht haben, aber ein Krieger läßt sich davon nicht lähmen, sondern versucht, seine Talente so weit wie möglich zu nutzen.

Er weiß, daß die Stärke der Gazelle in der Behendigkeit ihrer Beine liegt. Die Stärke der Möwe ist die Zielsicherheit, mit der sie auf den Fisch hinabstößt. Er hat gelernt, daß der Tiger die Hyäne nicht fürchtet, weil er sich seiner Kraft bewußt ist.

Daher versucht der Krieger herauszufinden, worauf er sich verlassen kann. Und überprüft immer wieder seine Ausrüstung, die aus drei Dingen besteht: Glaube, Liebe, Hoffnung.

Sind alle drei vorhanden, wird er nicht zögern, seinen Weg fortzusetzen.

Der Krieger des Lichts weiß, daß niemand töricht ist und daß das Leben alle in die Lehre nimmt – auch wenn es dafür Zeit braucht.

Er gibt immer sein Bestes und erwartet dasselbe auch von den anderen. Außerdem spornt er großzügig seinen Nächsten dazu an, ebenfalls sein Bestes zu geben.

Einige Gefährten murren: »Es gibt aber auch undankbare Menschen.«

Ein Krieger läßt sich davon nicht erschüttern. Und spornt weiterhin seinen Nächsten an, weil er dadurch zugleich auch sich selbst anspornt.

Jeder Krieger des Lichts hatte schon einmal Angst zu kämpfen.

Jeder Krieger des Lichts hat bereits einmal gelogen oder jemanden verraten.

Jeder Krieger des Lichts hat schon einen Weg beschritten, der nicht seiner war.

Jeder Krieger des Lichts hat schon wegen bedeutungsloser Dinge gelitten.

Jeder Krieger des Lichts hat schon gemeint, er sei kein Krieger des Lichts.

Jeder Krieger des Lichts hat bei seinen spirituellen Verpflichtungen schon einmal versagt.

Jeder Krieger des Lichts hat schon einmal ja gesagt und nein gemeint.

Jeder Krieger des Lichts hat schon einmal einen geliebten Menschen verletzt.

Darum ist er ein Krieger des Lichts: kraft dieser Erfahrungen und weil er die Hoffnung nicht aufgegeben hat, sich zu bessern.

Der Krieger hört stets auf die Worte kluger Männer wie zum Beispiel T. H. Huxleys:

»Die Folgen unseres Handelns sind Vogelscheuchen für die Feigen und für die Weisen Strahlen des Lichts.

Die Welt ist ein Schachbrett, und dessen Figuren sind unsere alltäglichen Verrichtungen. Die Regeln sind die sogenannten Naturgesetze. Wir können den Spieler auf der anderen Seite des Bretts nicht sehen, aber wir wissen, daß Er gerecht, ehrlich und geduldig ist…«

Es ist dem Krieger überlassen, ob er die Herausforderung annimmt oder nicht. Er weiß, daß Gott denen, die Er liebt, keinen einzigen Fehler durchgehen läßt und ihnen nicht erlaubt, so zu tun, als kennten sie die Spielregeln nicht.«

Ein Krieger des Lichts schiebt seine Entscheidungen nicht auf.

Er überlegt gründlich, bevor er handelt, läßt seine Übungen, seine Verantwortung und seine Pflicht dem Meister gegenüber nicht außer acht. Er bemüht sich um Gelassenheit und analysiert jeden Schritt, als wäre er der wichtigste.

Sobald der Krieger eine Entscheidung getroffen hat, setzt er seinen Weg fort: Er zweifelt seine Entscheidung nicht an und weicht nicht von seinem Weg ab, selbst wenn die Umstände nicht seinen Vorstellungen entsprechen.

War seine Entscheidung richtig, wird er siegreich aus dem Kampf hervorgehen, selbst wenn dieser länger dauert als erwartet. War seine Entscheidung falsch, wird er geschlagen werden und muß den Kampf von neuem aufnehmen – mit mehr Weisheit.

Ein Krieger des Lichts geht den eingeschlagenen Weg bis ans Ende.

Seine besten Meister findet der Krieger des Lichts unter den Menschen, die mit ihm auf dem Schlachtfeld stehen. Das hat ihn die Erfahrung gelehrt.

Es ist gefährlich, um Rat zu bitten, und noch viel gefährlicher, einen Rat zu geben. Wenn er Hilfe braucht, wird er sich daran orientieren, wie seine Freunde ihre Probleme lösen – oder auch nicht lösen.

Wenn er Erleuchtung sucht, liest er von den Lippen seines Nächsten die Worte ab, die sein Schutzengel ihm sagen will.

Ist er müde oder allein, träumt er nicht von Frauen und Männern, die in der Ferne weilen; Er wendet sich an den Menschen an seiner Seite und teilt mit ihm seinen Schmerz oder sein Bedürfnis nach Zuneigung lustvoll und ohne Schuldgefühl.

Ein Krieger weiß, daß der fernste Stern am Firmament sich in den kleinen Dingen in der unmittelbaren Umgebung offenbart.

Ein Krieger des Lichts teilt seine Welt mit den Menschen, die er liebt.

Wenn sie mutlos sind, wird er versuchen, sie darin zu bestärken, ihren Träumen zu folgen. In solchen Augenblicken erscheint der Gegner und hält zwei Tafeln in der Hand.

Auf einer steht geschrieben: »Denk mehr an dich. Behalte die Segnungen für dich selbst, sonst wirst du am Ende alles verlieren.«

Auf der anderen Tafel steht: »Wie kommst du dazu, anderen zu helfen? Siehst du etwa deine eigenen Fehler nicht?«

Ein Krieger weiß um seine Fehler. Aber er weiß auch, daß er nicht allein wachsen kann und sich nicht von seinen Gefährten absondern darf.

Daher schleudert er beide Tafeln zu Boden, selbst wenn er glaubt, daß sie ein Körnchen Wahrheit enthalten. Sie werden zu Staub, und der Krieger fährt fort, diejenigen anzuspornen, die ihm nah sind.

Lao Tse sagt über den Arbeitstag eines Kriegers des Lichts:

»Der Weg schließt die Achtung vor allem mit ein, was klein und zart ist. Er weiß immer den richtigen Augenblick, um die notwendigen Haltungen einzunehmen.

Auch wenn du schon mehrfach mit dem Bogen geschossen hast, achte weiter darauf, wie du den Pfeil anlegst und die Sehne spannst.

Wenn der Anfänger sich bewußt ist, wessen er bedarf, wird er am Ende intelligenter sein als der zerstreute Weise.

Liebe anzuhäufen bedeutet Glück, Haß anzuhäufen bedeutet Unglück. Wer die Probleme nicht kennt, wird am Ende die Tür offenstehen und so die Tragödien hereinlassen.

Der Kampf hat nichts mit Streit zu tun.«

Ein Krieger des Lichts meditiert.

Er setzt sich an einen ruhigen Platz in seinem Zelt und überläßt sich dem göttlichen Licht.

Tut er dies, versucht er an nichts zu denken; er löst sich von der Suche nach Lust, den Herausforderungen und den Offenbarungen – und gestattet seinen Gaben und seinen Kräften, sich zu offenbaren.

Auch wenn er sie nicht sogleich erkennt, werden diese Gaben und Kräfte sein Leben bestimmen und seinen Alltag beeinflussen.

Während er meditiert, ist der Krieger nicht mehr nur er selbst, sondern ein Funken der Weltenseele. Diese Augenblicke erlauben ihm, seine Verantwortung wahrzunehmen und im Einklang mit ihr zu handeln.

Ein Krieger des Lichts weiß, daß in der Stille seines Herzens eine Ordnung liegt, die ihm den Weg weist.

»Wenn der Bogen gespannt ist«, sagt Eugen Herrigel im Buch *Zen in der Kunst des Bogenschießens* zu seinem Zen-Meister, »kommt ein Augenblick, in dem ich fühle, daß mir, wenn ich nicht sofort schieße, die Puste ausgeht.«

»Solange du versuchst, den Augenblick des Abschusses herbeizuzwingen, wirst du die Kunst des Bogenschießens nie erlernen«, sagt der Meister. »Manchmal behindert der allzu große aktive Wille des Schützen die Genauigkeit des Schusses.«

Ein Krieger des Lichts denkt manchmal: »Was ich nicht tue, wird nie getan.«

Das stimmt so nicht: Er soll handeln, aber er soll auch dem Universum erlauben, im günstigsten Augenblick zu handeln.

Hat ein Krieger des Lichts ein Unrecht erlitten, zieht er sich meist zurück, weil er allein sein und den anderen seinen Schmerz nicht zeigen will.

Dieses Verhalten ist sowohl gut wie schlecht.

Eines ist, zuzulassen, daß sein Herz langsam seine eigenen Wunden heilt. Etwas anderes ist es, den ganzen Tag allein vor sich hin zu grübeln aus Furcht, Schwäche zu zeigen.

In jedem von uns wohnen ein Engel und ein Dämon, und ihre Stimmen sind einander sehr ähnlich. In schwierigen Augenblicken führt der Dämon Selbstgespräche und versucht uns weiszumachen, wie verletzlich wir sind. Der Engel hält uns dazu an, unsere Haltung zu überdenken, und offenbart sich zuweilen durch den Mund unseres Nächsten.

Ein Krieger findet einen Mittelweg zwischen Einsamkeit und Abhängigkeit.

Ein Krieger des Lichts braucht Liebe. Zuneigung und Zärtlichkeit gehören zu seiner Natur wie Essen, Trinken und die Lust am Guten Kampf. Wenn der Krieger angesichts des Sonnenuntergangs kein Glück empfindet, stimmt etwas nicht.

In diesem Augenblick unterbricht er den Kampf und sucht sich Gefährten, um gemeinsam mit ihnen die Dämmerung zu erleben.

Wenn er nicht auf Anhieb welche findet, fragt er sich: »Hatte ich Angst, mich jemandem zu nähern? Habe ich Zuneigung bekommen und es nicht bemerkt?«

Ein Krieger des Lichts nutzt die Einsamkeit, läßt sich aber nicht von ihr benutzen.

In vollkommener Entspannung zu leben ist unmöglich. Der Krieger des Lichts weiß das.

Vom Bogenschützen hat er gelernt, daß der Bogen, will man den Pfeil weit schießen, gut gespannt sein muß. Von den Sternen hat er gelernt, daß allein deren Implosion sie zum Leuchten bringt. Der Krieger hat gesehen, daß ein Pferd alle Muskeln anspannt, ehe es zum Überspringen des Hindernisses ansetzt. Trotzdem wird er nie Anspannung mit Nervosität verwechseln.

Strenge und Barmherzigkeit sind beim Krieger des Lichts stets im Gleichgewicht.

Um seinen Traum zu verwirklichen, braucht er einen festen Willen und gleichzeitig die Fähigkeit, sich hinzugeben. Er hat ein Ziel, doch das heißt nicht, daß der Weg, der ihn dahin führt, auch der ist, den er sich vorstellt.

Daher macht der Krieger Gebrauch von Disziplin und Mitgefühl. Gott läßt seine Kinder nie im Stich, doch Seine Ratschlüsse sind unergründlich, und Er baut den Weg mit unseren Schritten.

Disziplin und Hingabe schüren im Krieger die Begeisterung. Niemals noch hat Routine Berge versetzen können.

Ein Krieger des Lichts verhält sich manchmal wie Wasser und schlängelt sich zwischen den Hindernissen hindurch, auf die er trifft.

Es gibt Augenblicke, in denen bedeutet Widerstand bieten, zerstört zu werden. Darum paßt er sich den Gegebenheiten an. Er nimmt, ohne zu murren, hin, daß die Steine des Weges ihn durch die Berge führen.

Darin liegt die Kraft des Wassers: Kein Hammer kann es zertrümmern und kein Messer es schneiden. Selbst das mächtigste Schwert der Welt vermag nicht einmal, seine Oberfläche zu ritzen.

Ein Fluß paßt sich dem Weg an, der möglich ist, vergißt aber nie sein Ziel, das Meer. Zart an der Quelle, schwillt er, durch die Flüsse gespeist, auf die er unterwegs trifft, stetig an.

Bis von einem bestimmten Punkt an seine Macht allumfassend ist.

Für den Krieger des Lichts gibt es nichts Abstraktes.

Alles ist konkret, und alles geht ihn etwas an. Er sitzt nicht gemütlich in seinem Zelt und schaut dem Treiben der Welt zu. Er nimmt jede Herausforderung als eine Gelegenheit an, sich selbst zu verändern.

Einige seiner Gefährten verbringen ihr Leben damit, sich über den Mangel an Entscheidungsmöglichkeiten zu beklagen oder über fremde Entscheidungen herzuziehen. Der Krieger jedoch setzt seine Gedanken in Taten um.

Manchmal wählt er ein falsches Ziel und bezahlt, ohne zu murren, für seinen Fehler. Dann wieder kommt er vom Weg ab und verliert viel Zeit damit, auf den ursprünglichen Pfad zurückzukehren.

Aber ein Krieger verliert sein Ziel nie aus den Augen.

Ein Krieger des Lichts ist wie ein Fels.

Befindet er sich auf ebenem Terrain und um ihn herum ist alles in Harmonie, dann wankt er nicht. Die Menschen können ihre Häuser auf ihm bauen, und der Sturm kann ihnen nichts anhaben.

Befindet er sich jedoch auf geneigtem Terrain und um ihn herum ist kein Gleichgewicht, oder er wird nicht geachtet, dann zeigt er seine Kraft. Er rollt auf den Feind zu, der den Frieden bedroht. In diesen Augenblicken ist der Krieger zerstörerisch, und niemand wird ihn aufhalten können.

Ein Krieger des Lichts denkt zugleich an den Krieg und an den Frieden und weiß den Umständen entsprechend zu handeln.

Wenn der Krieger des Lichts zu sehr auf seine Intelligenz vertraut, wird er am Ende die Kraft des Gegners unterschätzen.

Man darf nicht vergessen, daß es Augenblikke gibt, in denen Kraft wirksamer ist als Strategie.

Ein Stierkampf dauert fünfzehn Minuten. Der Stier lernt schnell, daß er betrogen wird – und reagiert, indem er sich auf den Stierkämpfer stürzt. In solchen Momenten helfen weder ein Geistesblitz noch ein Einwand, weder Intelligenz noch Charme dem Stierkämpfer weiter.

Daher unterschätzt der Krieger nie die rohe Gewalt. Wenn sie zu heftig wütet, zieht er sich vom Schlachtfeld zurück, bis die Kraft des Feindes erschöpft ist.

Ein Krieger des Lichts erkennt, wenn sein Feind stärker ist als er.

Beschließt er, sich ihm zu stellen, wird er umgehend vernichtet. Läßt er sich auf dessen Provokationen ein, wird er in die Falle gehen. Er wird dann Diplomatie walten lassen, um die schwierige Lage zu meistern, in der er sich befindet. Wenn der Gegner wie ein kleines Kind handelt, tut er es auch. Wenn er ihn zum Kampf ruft, tut er so, als hätte er ihn nicht gehört.

Die Freunde meinen dazu: »Er ist ein Feigling.«

Aber der Krieger schert sich nicht um ihre Kommentare. Er weiß, daß alle Wut und aller Mut eines Vogels gegen eine Katze nichts vermögen.

In Lagen wie dieser hat der Krieger Geduld. Der Feind wird bald aufbrechen, um andere herauszufordern.

Ungerechtigkeit läßt den Krieger des Lichts nicht gleichgültig.

Er weiß, daß alle Dinge eins sind und jede Handlung eines Menschen die aller andern auf dem Planeten beeinflußt. Daher benutzt er, wenn er auf das Leiden eines anderen trifft, sein Schwert, um die Ordnung der Dinge wiederherzustellen.

Doch selbst wenn er gegen die Unterdrükkung kämpft, wird er den Unterdrücker nie verurteilen wollen, denn Gott gegenüber muß sich jeder allein verantworten. Und hat der Krieger seine Aufgabe erfüllt, wird er keinen Kommentar abgeben.

Ein Krieger des Lichts ist auf der Welt, um seinen Brüdern zu helfen, und nicht, um seinen Nächsten zu verurteilen.

Ein Krieger des Lichts ist niemals feige.

Die Flucht kann zur Kunst der Verteidigung zählen, darf aber nicht angetreten werden, wenn die Angst groß ist. Im Zweifelsfalle wird der Krieger des Lichts eher die Niederlage in Kauf nehmen und seine Wunden pflegen, weil er weiß, daß er mit seiner Flucht dem Angreifer mehr Macht gibt, als dieser verdient.

In schwierigen und schmerzlichen Augenblicken stellt sich der Krieger der ungünstigen Lage heldenhaft, schicksalsergeben und mutig.

Weil er weiß, daß die Zeit für ihn arbeitet, hat es ein Krieger des Lichts nie eilig. Er lernt, seine Ungeduld zu meistern, und vermeidet unüberlegtes Handeln.

Geht er langsam, wird er bemerken, wie fest seine Schritte sind. Er weiß, daß er an einem entscheidenden Augenblick in der Geschichte der Menschheit teilhat und sich selbst ändern muß, bevor er die Welt verändern kann. Daher erinnert er sich an die Worte von Lanza del Vasto:

»Eine Revolution braucht Zeit, um Fuß zu fassen.«

Ein Krieger pflückt eine Frucht erst, wenn sie reif ist.

Ein Krieger des Lichts braucht zugleich Geduld und Schnelligkeit.

Die zwei größten strategischen Fehler sind: vor der Zeit handeln oder eine Gelegenheit vorübergehen lassen. Um dies zu verhindern, behandelt der Krieger jede Situation als etwas Einmaliges und wendet auf sie weder Formeln noch Rezepte oder fremde Meinungen an.

Der Kalif Moauiyat fragte Omr Ben Al-Aas, welches das Geheimnis seiner großen politischen Geschicklichkeit sei, und bekam zur Antwort:

»Ich habe mich nie auf etwas eingelassen, ohne nicht vorher einen Rückzug durchdacht zu haben. Andererseits bin ich nie irgendwo eingetreten mit der Absicht, gleich wieder davonzurennen.«

Oft verliert ein Krieger des Lichts den Mut.

Dann meint er, daß nichts das Gefühl von Begeisterung in ihm erwecken kann, das er sich so sehr ersehnt. Viele Abende und Nächte muß er sich mit etwas Errungenem zufriedengeben, und kein neues Ereignis vermag seine Begeisterungsfähigkeit wieder anzufachen.

Seine Freunde meinen dazu: »Vielleicht hört er schon auf zu kämpfen.«

Der Krieger verspürt Schmerz und Verwirrung, wenn er diese Kommentare hört, weil er weiß, daß er nicht dahin gelangt ist, wohin er wollte. Doch er ist beharrlich und gibt nicht auf, was er sich einmal vorgenommen hat.

Und dann, wenn er es am wenigsten erwartet, öffnet sich ihm erneut eine Tür.

Ein Krieger des Lichts läßt keinen Haß in sein Herz.

Wenn er sich in den Kampf begibt, gedenkt er der Worte Christi: »Liebet eure Feinde.« Und er befolgt sie.

Aber er weiß auch, daß Verzeihen niemanden zwingt, auch alles hinzunehmen. Ein Krieger darf den Kopf nicht senken – sonst verliert er den Horizont seiner Träume aus dem Blick.

Er akzeptiert, daß die Gegner dazu da sind, seinen Mut, seine Beharrlichkeit, seine Entscheidungsfähigkeit zu prüfen. Sie sind ihm ein Segen, denn sie zwingen ihn, für seine Träume zu kämpfen.

Der Krieger des Lichts geht gestärkt aus der Erfahrung des Kampfes hervor.

Die Vergangenheit ist dem Krieger des Lichts stets gegenwärtig.

Er weiß um die lange spirituelle Suche des Menschen, weiß, daß sie bereits einige der besten Seiten der Geschichte geschrieben hat.

Und einige ihrer schlimmsten Kapitel: Massaker, Opfer, Obskurantismus. Sie wurde zu eigennützigen Zwecken benutzt, und ihre Ideale wurden als Banner für schreckliche Vorhaben mißbraucht.

Der Krieger hat immer wieder Kommentare gehört, die auf die Frage hinausliefen: »Wie soll ich wissen, ob dieser Weg der richtige ist?«, und hat viele Menschen die Suche aufgeben sehen, weil es auf diese Frage keine Antwort gab.

Den Krieger plagen keine Zweifel. Er folgt einer sicheren Regel. »An seinen Früchten sollt ihr den Baum erkennen«, hat Jesus gesagt. Der Krieger folgt dieser Regel und irrt sich nie.

Intuition ist dem Krieger des Lichts sehr wichtig.

Während des Kampfes hat er keine Zeit, um über die Paraden seines Feindes nachzudenken. Dann benutzt er seinen Instinkt und gehorcht seinem Engel.

In Friedenszeiten entziffert er die Zeichen, die Gott ihm schickt.

Die Leute sagen: »Er ist verrückt.«

Oder aber: »Er lebt in einer Phantasiewelt.«

Oder aber auch: »Wie kann er sich auf Dinge verlassen, die jeder Logik entbehren?«

Doch der Krieger weiß, daß die Intuition das Alphabet Gottes ist, und horcht weiter auf den Wind und redet mit den Sternen.

Abends setzt sich der Krieger des Lichts mit seinen Gefährten ums Feuer.

Sie bereden ihre Siege, und Fremde, die sich zu der Gruppe gesellen, sind willkommen, weil alle stolz auf ihr Leben und den Guten Kampf sind.

Der Krieger spricht voller Begeisterung vom Weg, erzählt, wie er bestimmte Herausforderungen gemeistert, wie er in einer schwierigen Lage eine Lösung gefunden hat. Und er erzählt voller Leidenschaft.

Manchmal läßt er sich zu einer kleinen Übertreibung hinreißen. Er erinnert sich daran, daß seine Vorfahren auch hin und wieder übertrieben.

Deshalb macht er es wie sie. Aber dabei verwechselt er niemals Stolz mit Eitelkeit und glaubt nie an seine eigenen Übertreibungen.

Der Krieger hat schon häufig jemanden sagen hören: »Ich muß erst einmal alles verstehen, bevor ich eine Entscheidung fälle. Ich möchte mir die Freiheit vorbehalten, meine Meinung zu ändern.«

Der Krieger betrachtet diesen Satz mit Mißtrauen. Auch er kann die gleiche Freiheit besitzen, doch das hindert ihn nicht daran, einer Verpflichtung nachzukommen, auch wenn er nicht genau weiß, warum er sie eingegangen ist.

Ein Krieger des Lichts fällt Entscheidungen. Seine Seele ist frei wie die Wolken am Himmel, aber er ist seinem Traum verpflichtet. Auf seinem frei gewählten Weg muß er zu Unzeiten aufwachen, die ihm nicht gefallen, mit Menschen reden, die ihn nicht weiterbringen, und auf einiges verzichten.

Seine Freunde meinen: »Du opferst dich umsonst auf. Du bist nicht frei.«

Der Krieger ist frei. Aber er weiß, daß ein offener Ofen kein Brot bäckt.

Was immer wir tun, wir müssen wissen, was wir erwarten dürfen, welche Mittel nötig sind, um das Ziel zu erreichen, und welche Mittel und Fähigkeiten wir für die anstehende Aufgabe mitbringen.

»Nur der kann großmütig auf die Früchte des Sieges verzichten, der so vorbereitet ist und keinerlei Wünsche in bezug auf die Ergebnisse des Sieges besitzt und weiterhin im Kampf aufgeht.

Man kann auf die Früchte verzichten, aber dieser Verzicht bedeutet keine Gleichgültigkeit dem Ergebnis gegenüber.«

Der Krieger des Lichts hört Gandhis Strategie voller Achtung an. Und er läßt sich nicht von Menschen verwirren, die den Verzicht predigen, weil sie unfähig sind, zu einem Ergebnis zu kommen.

Kleine Dinge können Verursacher großer Übel sein. Daher achtet der Krieger des Lichts auf sie.

Ein Dorn, sei er auch noch so klein, zwingt einen Reisenden dazu, seine Wanderung zu unterbrechen. Eine winzige, unsichtbare Zelle kann einen gesunden Organismus zerstören. Die Erinnerung an einen Augenblick der Angst läßt die Feigheit jeden Morgen erneut wiederkehren. Ein noch so kleiner Moment der Unachtsamkeit genügt, um dem Gegner den fatalen Stoß zu erlauben.

Der Krieger achtet auf die kleinen Dinge. Manchmal ist er hart zu sich selber, aber er glaubt, es sei besser so.

»Der Teufel steckt im Detail«, sagt ein altes Sprichwort.

Auch ein Krieger des Lichts verliert manchmal den Glauben.

Es gibt Augenblicke, in denen er an gar nichts mehr glaubt. Und er fragt sein Herz: »Lohnt so viel Mühe überhaupt?«

Doch sein Herz schweigt. Und der Krieger muß selber entscheiden.

Dann sucht er ein Beispiel und erinnert sich daran, daß Jesus Ähnliches durchlitten hat, um das menschliche Dasein in seiner Gesamtheit zu erleben.

»Laß diesen Kelch an mir vorübergehen«, hat Jesus gesagt. Auch er verlor den Mut und gab doch nicht auf.

Der Krieger des Lichts schreitet auch ohne Glauben voran. Er kämpft weiter, und am Ende kehrt der Glaube wieder zu ihm zurück.

Der Krieger weiß, daß kein Mensch eine Insel ist.

Er kann nicht allein kämpfen. Wie auch immer sein Plan aussieht, er wird andere Menschen brauchen. Er braucht jemanden, den er um Hilfe bitten, mit dem er seine Strategie besprechen und dem er in ruhigen Augenblicken am Lagerfeuer Geschichten über den Kampf erzählen kann.

Doch er läßt nicht zu, daß die Leute seine Zugänglichkeit mit Unsicherheit verwechseln. Er ist durchschaubar in seinen Handlungen und verschwiegen in seinen Plänen.

Ein Krieger des Lichts tanzt mit seinen Gefährten, aber er überträgt niemandem die Verantwortung für seine Schritte.

In den Kampfpausen ruht sich der Krieger aus.

Häufig verbringt er lange Tage mit Nichtstun, weil dies sein Herz verlangt. Aber seine Intuition bleibt hell wach. Er begeht nicht die Todsünde der Faulheit, weil er weiß, wohin sie ihn führen kann: zum lauen Gefühl eines Sonntagnachmittags, an dem nur die Zeit vergeht.

Der Krieger nennt dies »Friedhofsstille«. Und ihm fällt dazu ein Absatz aus der Apokalypse ein: »Seid kalt oder heiß, denn wenn ihr lau seid, werde ich euch aus meinem Munde spucken.«

Ein Krieger ruht sich aus und lacht. Aber er ist immer wachsam.

Ein Krieger des Lichts weiß: Jeder fürchtet sich vor jedem.

Diese Angst offenbart sich im allgemeinen durch Aggressivität oder Unterwürfigkeit. Es sind dies zwei Seiten ein und desselben Problems.

Wenn er daher vor jemandem steht, der ihm Angst einflößt, erinnert sich der Krieger, daß der andere genauso unsicher ist wie er. Er ist ähnlichen Hindernissen begegnet und hat ähnliche Schwierigkeiten überwunden.

Doch der andere packt die Situation besser an als er. Warum? Weil er die Angst als Antrieb und nicht als Bremse benutzt.

Da lernt der Krieger vom Gegner und verhält sich wie er.

Für den Krieger gibt es keine unmögliche Liebe.

Er läßt sich vom Schweigen, von der Gleichgültigkeit oder der Abweisung nicht einschüchtern. Er weiß, daß hinter der eisigen Maske, die die Menschen aufsetzen, ein feuriges Herz schlägt.

Daher riskiert der Krieger auch mehr als andere. Unablässig sucht er die Liebe eines Menschen zu gewinnen, auch wenn dies bedeutet, häufig das Wort »nein« hören zu müssen, besiegt nach Hause zu gehen, sich körperlich und seelisch abgewiesen zu fühlen.

Ein Krieger läßt sich nicht einschüchtern, wenn er sich holt, was er braucht. Ohne Liebe ist er nichts.

Krieger des Lichts kennen die Stille, die einem wichtigen Kampf vorangeht.

Diese Stille scheint zu sagen: »Es ist fürs erste vorbei. Am besten lassen wir den Kampf ruhen und amüsieren uns ein wenig.« Unerfahrene Kämpfer legen in solchen Momenten ihre Waffen ab und klagen über Langeweile.

Der Krieger jedoch achtet auf diese Stille. Irgendwo braut sich etwas zusammen. Er weiß, daß zerstörerische Erdbeben ohne Vorwarnung kommen. Er ist schon nachts durch den Wald gegangen. Wenn die Tiere kein Geräusch machen, naht Gefahr.

Während die anderen sich unterhalten, übt sich der Krieger im Schwertkampf und behält den Horizont im Blick.

Ein Krieger des Lichts glaubt.

Weil er an Wunder glaubt, geschehen auch Wunder. Weil er sich sicher ist, daß seine Gedanken sein Leben verändern können, verändert sich sein Leben. Weil er sicher ist, daß er der Liebe begegnen wird, begegnet ihm diese Liebe auch.

Manchmal wird er enttäuscht, manchmal verletzt.

Und dann hört er Kommentare wie diesen: »Wie naiv er doch ist!«

Aber der Krieger weiß, daß es sich lohnt. Für jede Niederlage gibt es zwei Siege. Alle, die glauben, wissen das.

Der Krieger des Lichts hat gelernt, daß es besser ist, dem Licht zu folgen.

Er hat schon verraten, gelogen, ist von seinem Weg abgekommen, hat der Finsternis den Hof gemacht. Und alles ging weiterhin gut, als wäre nichts geschehen.

Dennoch öffnet sich unvermittelt ein Abgrund. Man kann tausend sichere Schritte tun, und mit dem nächsten Schritt ist alles zu Ende. Dann hält der Krieger rechtzeitig inne, bevor er sich selbst zerstört.

Wenn er diesen Beschluß faßt, hört er vier Kommentare: »Du hast falsch gehandelt. Du bist zu alt, um dich zu ändern. Du bist nicht gut. Du verdienst es nicht.«

Er schaut zum Himmel. Und eine Stimme sagt zu ihm: »Mein Lieber, jeder hat schon falsch gehandelt. Dir sei vergeben, aber ich kann dir nicht gegen deinen Willen vergeben. Entscheide dich.«

Der wahre Krieger des Lichts nimmt die Vergebung an.

Jeder Krieger des Lichts versucht stets, sich zu vervollkommnen.

Jeder Hieb seines Schwertes trägt jahrhundertealte Weisheit und Meditation in sich. Jeder Hieb erfordert die Kraft und die Geschicklichkeit sämtlicher Krieger, die je ein Schwert geführt haben und die noch heute aus der Vergangenheit den Kampf segnen. Jede Bewegung im Kampf ehrt die Bewegungen, die vorangegangene Generationen überliefert haben.

Der Krieger perfektioniert die Schönheit seiner Hiebe.

Ein Krieger des Lichts ist vertrauenswürdig.

Er begeht Fehler, manchmal hält er sich für wichtiger, als er in Wirklichkeit ist. Aber er lügt nicht.

Wenn er sich mit seinen Gefährten und Gefährtinnen ums Feuer versammelt, redet er mit ihnen. Er weiß, daß das Universum seine Worte nicht vergißt und sie als Zeugnis seines Denkens bewahrt.

Und der Krieger überlegt: »Warum rede ich so viel, wenn ich doch so häufig das Gesagte nicht in die Tat umzusetzen vermag?«

Sein Herz antwortet ihm: »Wenn du öffentlich deine Ideen vertrittst, mußt du dich bemühen, ihnen entsprechend zu leben.«

Und da er denkt, was er sagt, wird der Krieger am Ende zu dem, was er sagt.

Der Krieger weiß, daß der Kampf hin und wieder unterbrochen wird.

Es bringt nichts, den Kampf zu forcieren. Man muß Geduld haben, warten, bis das Zusammenspiel der Kräfte wieder funktioniert. In der Stille des Schlachtfeldes lauscht er seinem pochenden Herzen.

Er bemerkt, daß es angespannt ist, daß es Angst hat.

Da zieht der Krieger eine Bilanz seines Lebens, sieht nach, ob sein Schwert geschärft, ob sein Herz zufrieden ist und ob der Glaube in seiner Seele glüht. Er weiß, daß die Vorbereitung ebenso wichtig ist wie das Handeln.

Irgend etwas fehlt immer. Und der Krieger nutzt die Augenblicke, in denen die Zeit stehenbleibt, um sich besser zu rüsten.

Ein Krieger weiß, daß ein Engel und ein Dämon sich die Hand streitig machen, die das Schwert führt.

Der Dämon sagt: »Du wirst schwach werden. Du wirst nicht wissen, wann der richtige Augenblick gekommen ist. Du hast Angst.«

Der Engel sagt: »Du wirst schwach werden. Du wirst nicht wissen, wann der richtige Augenblick gekommen ist. Du hast Angst.«

Der Krieger ist überrascht. Beide haben dasselbe gesagt.

Dann fährt der Dämon fort: »Laß nur, ich helfe dir.« Und der Engel sagt: »Ich helfe dir.«

Da begreift der Krieger den Unterschied. Die Worte sind dieselben, aber die Verbündeten unterschiedlich.

Dann wählt er die Hand seines Engels.

Jedesmal, wenn der Krieger sein Schwert zieht, benutzt er es auch.

Es kann dazu dienen, einen Weg zu bahnen, jemandem zu helfen oder Gefahr zu bannen. Doch ein Schwert ist eigensinnig, und es duldet nicht, daß seine Klinge grundlos gezückt wird.

Daher droht der Krieger niemals. Er kann angreifen, sich verteidigen oder fliehen, all das gehört zum Kampf. Nicht zum Kampf gehört es, die Kraft eines Hiebes zu vergeuden, indem man darüber spricht.

Ein Krieger des Lichts achtet stets auf die Bewegungen seines Schwertes. Aber er darf nicht vergessen, daß das Schwert auch auf seine Bewegungen achtet.

Das Schwert wurde nicht gemacht, damit es den Mund ersetzt.

Manchmal wird der Krieger des Lichts vom Bösen verfolgt. Dann lädt er es einfach in sein Zelt ein.

Er fragt das Böse: »Willst du mich verletzen oder mich benutzen, damit ich die anderen verletze?«

Das Böse stellt sich taub und gibt vor, die dunklen Seiten der Seele des Kriegers zu kennen. Rührt an alte Wunden und fordert Rache. Erinnert ihn daran, daß es ein paar subtile Fallen und Gifte kennt, die ihm dabei helfen würden, seine Feinde zu zerstören.

Der Krieger des Lichts hört zu. Wenn das Böse zerstreut ist, legt er es darauf an, daß es seine Rede wieder aufnimmt, und bittet um Einzelheiten.

Wenn er alles gehört hat, erhebt er sich und geht. Das Böse hat so viel geredet, ist so erschöpft und leer, daß es ihm nicht mehr folgen kann.

Auch ein Krieger des Lichts macht ungewollt einen Fehltritt und taucht in den Abgrund.

Die Gespenster schrecken, die Einsamkeit quält ihn. Da er den Guten Kampf suchte, war er nicht darauf vorbereitet, daß ihm das passieren könnte. Aber es ist nun einmal passiert. In die Dunkelheit gehüllt, tritt er mit seinem Meister in Verbindung.

»Meister, ich bin in den Abgrund gefallen«, sagt er. »Das Wasser ist dunkel und tief.«

»Vergiß eines nicht«, gibt der Meister zur Antwort, »man ertrinkt nicht, weil man unter Wasser taucht, sondern weil man unter Wasser bleibt.«

Und der Krieger des Lichts setzt all seine Kräfte ein, um sich aus seiner mißlichen Lage zu befreien.

Manchmal benimmt sich der Krieger des Lichts wie ein Kind.

Die Leute sind schockiert, sie haben vergessen, daß ein Kind sich amüsieren, spielen und ein bißchen aufmüpfig sein muß, daß es unpassende, unreife Fragen stellt und Unsinn sagt, den es selbst nicht glaubt.

Und sie fragen entgeistert: »Ist das der spirituelle Weg? Dieser Mensch ist völlig unreif!«

Ein Krieger ist stolz auf solche Kommentare. Und bleibt über seine Unschuld und seine Fröhlichkeit in Verbindung mit Gott, ohne seine Mission aus den Augen zu verlieren.

Die Wurzel »Antwort« im Wort »Verantwortung« weist auf seine Bedeutung hin: die Fähigkeit, zu antworten, zu reagieren.

Ein Krieger, der verantwortlich handelt, war fähig, zu beobachten und zu üben. Er war durchaus auch schon einmal unverantwortlich: Manchmal hat er sich durch eine Situation hinreißen lassen und nicht geantwortet, nicht reagiert.

Aber er hat die Lektionen gelernt, hat eine Haltung bezogen, einen Rat befolgt und die Demut besessen, Hilfe anzunehmen.

Ein verantwortlicher Krieger ist nicht der, der das Gewicht der Welt auf seine Schultern häuft. Es ist jemand, der gelernt hat, mit den augenblicklichen Herausforderungen umzugehen.

Ein Krieger des Lichts kann sein Schlachtfeld nicht immer wählen.

Manchmal wird er überraschend zu einem Kampf gezwungen, den er nicht führen wollte. Aber Fliehen hilft nicht, weil die Konflikte ihn trotzdem verfolgen würden.

Daher redet der Krieger, wenn der Konflikt fast unausweichlich ist, mit seinem Gegner. Ohne Angst oder Feigheit zu zeigen, versucht er herauszubekommen, warum der andere den Kampf will, was ihn dazu bewogen hat, sein Dorf zu verlassen und ihn zu einem Duell herauszufordern. Ohne sein Schwert zu ziehen, überzeugt der Krieger seinen Gegner davon, daß dieser Kampf nicht sein Kampf ist.

Ein Krieger des Lichts hört auf das, was ihm sein Gegner zu sagen hat. Und kämpft nur, wenn es sich nicht vermeiden läßt.

Vor wichtigen Entscheidungen ist der Krieger des Lichts stets von Furcht erfüllt.

»Das ist zu groß für dich«, sagt ein Freund. »Nur zu, hab Mut«, sagt ein anderer. Und seine Zweifel wachsen.

Nach ein paar quälenden Tagen zieht er sich in die Ecke seines Zeltes zurück, in der er zu meditieren und zu beten pflegt. Er ruft sich die Zukunft vor Augen, sieht sich selbst und die Menschen, die von seinem Entschluß profitieren oder aber Nachteile durch ihn erfahren. Er möchte kein unnötiges Leid verursachen, aber zugleich auch seinen Weg nicht aufgeben.

Dann läßt der Krieger zu, daß die Entscheidung sich offenbart.

Wenn er ja sagen muß, wird er es mutig tun. Muß er nein sagen, wird er es ohne Feigheit tun.

Ein Krieger des Lichts steht zu seinem Lebenstraum.

Seine Gefährten meinen: »Sein Glaube ist bewundernswert!«

Der Krieger hört es mit Stolz, schämt sich dann aber sogleich, weil sein Glaube nicht so stark ist, wie es den Anschein hat.

Da flüstert ihm sein Engel zu: »Du bist nur ein Werkzeug des Lichts. Es gibt für dich weder einen Grund, dich zu brüsten, noch einen dafür, dich zu schämen. Es gibt nur einen Grund zur Freude.«

Und der Krieger des Lichts gewinnt im Bewußtsein, daß er ein Werkzeug ist, Ruhe und Sicherheit zurück.

Hitler mag den Krieg auf dem Schlachtfeld verloren haben, aber letztlich hat er etwas gewonnen. »Der Mensch des 20. Jahrhunderts«, sagt Marek Halter, »hat das Konzentrationslager geschaffen und die Folter wieder aufleben lassen und seinen Nächsten beigebracht, daß es möglich ist, die Augen vor dem Unglück anderer zu verschließen.«

Er mag recht haben, was das Wegschauen betrifft: Es gibt verlassene Kinder, in Massakern getötete Zivilisten, Unschuldige in den Gefängnissen, Betrunkene im Rinnstein, Verrückte an der Macht.

Doch er hat eins vergessen: Es gibt die Krieger des Lichts.

Und die Krieger des Lichts akzeptieren niemals, was inakzeptabel ist.

Schweigen hat seine Zeit, Reden hat seine Zeit. Ein Krieger des Lichts vergißt diesen Spruch nie.

Immer wieder geschieht Unrecht. Alle geraten in Situationen, die sie nicht verdient haben – zumeist, wenn sie sich nicht verteidigen können.

Häufig klopft die Niederlage an des Kriegers Tür, und der Krieger des Lichts schweigt. Er verausgabt sich nicht mit Reden, die nichts ausrichten können, sondern nutzt seine Energie, um durchzuhalten, Geduld zu bewahren und den Glauben, daß Einer zusieht. Einer, der das Unrecht sieht und es nicht einfach hinnimmt.

Dieser Eine gibt ihm, was er braucht: Zeit. Früher oder später wird das ganze Universum für ihn wirken.

Ein Krieger des Lichts ist weise. Über seine Niederlagen spricht er nicht.

Sein Schwert mag nur eine kurze Lebensdauer haben. Doch ein Krieger des Lichts muß lange durchhalten.

Daher läßt er sich nicht von seinen eigenen Fähigkeiten irreführen und vermeidet es, überrascht zu werden. Er gibt einem jeden Ding den Wert, den es verdient.

Angesichts schwieriger Situationen flüstert ihm der Dämon häufig ins Ohr: »Mach dir keine Sorgen, das ist nichts Ernstes.«

Und bei belanglosen Dingen sagt der Dämon: »Du mußt deine ganze Energie darauf verwenden, dies Problem zu lösen.«

Der Krieger hört nicht auf den Dämon. Der Krieger ist der Meister seines Schwertes.

Der Krieger des Lichts ist immer wachsam.

Er bittet die andern nicht um Erlaubnis, sein Schwert zu ziehen. Er nimmt es einfach in die Hand. Er verliert auch keine Zeit damit, sein Handeln zu erklären. Den Bestimmungen Gottes getreu, handelt er und steht dafür gerade.

Er blickt in alle Richtungen und macht seine Freunde aus. Er sieht sich um und macht seine Feinde aus. Verrätern gegenüber ist er unversöhnlich, aber er rächt sich nicht. Er entfernt die Feinde nur aus seinem Leben, ohne mit ihnen länger als notwendig zu kämpfen.

Ein Krieger versucht nicht, als etwas zu erscheinen. Er ist.

Ein Krieger schließt sich niemandem an, der ihm übelwill, und auch niemandem, der ihn »trösten« will.

Er meidet diejenigen, die nur in der Niederlage an seiner Seite sind: dies sind falsche Freunde, die beweisen wollen, daß Schwäche lohnt. Sie bringen immer schlechte Nachrichten und versuchen unter dem Deckmantel der »Solidarität«, das Selbstvertrauen des Kriegers zu zerstören.

Wenn sie sehen, daß er verletzt ist, weinen sie Krokodilstränen, denn im Grunde ihres Herzens sind sie voller Schadenfreude, weil der Krieger eine Schlacht verloren hat. Sie begreifen nicht, daß die Niederlage Teil des Kampfes ist.

Die wahren Gefährten eines Kriegers sind immer zugegen, in guten wie in schlechten Zeiten.

Zu Beginn seines Kampfes sagt der Krieger: »Ich habe Träume.«

Nach ein paar Jahren merkt er, daß er seinen Traum verwirklichen kann, und weiß, daß ihm sein Lohn zuteil sein wird.

Da wird er traurig. Er kennt das Unglück, die Einsamkeit, die Frustrationen, die einen großen Teil der Menschheit begleiten, und findet, daß er nicht verdient hat, was auf ihn wartet.

Sein Engel flüstert ihm zu: »Gib alles hin.« Der Krieger kniet nieder und schenkt Gott, was er errungen hat.

Die Hingabe bringt den Krieger dazu, keine dummen Fragen mehr zu stellen, und hilft ihm, sein Schuldgefühl zu überwinden.

Ein Krieger des Lichts hält das Schwert in seinen Händen.

Er allein entscheidet, was er tun wird und was er auf gar keinen Fall tun wird.

Es gibt Augenblicke, in denen das Leben in eine Krise gerät: Dann ist der Krieger gezwungen, sich von Dingen zu trennen, die er immer geliebt hat. Er denkt nach und ergründet, ob er den Willen Gottes erfüllt oder aus Egoismus handelt. Wenn die Trennung wirklich Teil seines Weges ist, nimmt er sie ohne Murren hin.

Wurde aber die Trennung in böser Absicht von einem andern herbeigeführt, wird sein Gegenschlag gnadenlos sein.

Der Krieger kann zuschlagen oder verzeihen. Er weiß beide Möglichkeiten gleichermaßen geschickt einzusetzen.

Nie läßt sich ein Krieger des Lichts vom Wort »Freiheit« verführen.

Für sein Volk ist Freiheit ein klarer Begriff, wenn es in Unterdrückung lebt. Dann wird er sein Schwert und seinen Schild benutzen, kämpfen, bis ihm die Kraft ausgeht oder er das Leben verliert. Angesichts der Unterdrückung ist Freiheit leicht zu verstehen: Sie ist das Gegenteil von Versklavung.

Doch manchmal hört der Krieger die Alten sagen: »Wenn ich aufhöre zu arbeiten, werde ich frei sein.« Und ein Jahr später beklagen sich die Alten: »Das Leben ist nichts als Langeweile und Routine.« In diesem Zusammenhang ist der Begriff Freiheit nur schwer zu verstehen; er bedeutet jetzt soviel wie Sinnlosigkeit.

Ein Krieger des Lichts ist nie gleichgültig. Er ist zwar Sklave seines Traums, aber seine Schritte sind frei.

Ein Krieger des Lichts führt nicht immer wieder denselben Kampf – vor allem dann nicht, wenn der Kampf ins Stocken gerät.

Macht der Kampf keine Fortschritte, sieht der Krieger, daß er sich mit seinem Feind zusammensetzen und einen Waffenstillstand aushandeln muß. Beide sind in der Kunst des Schwertkampfes gegeneinander angetreten, jetzt müssen sie sich einigen.

Dies ist eine würdige Geste und keine Feigheit. Es geht um ein Gleichgewicht der Kräfte und eine Änderung der Strategie.

Wenn der Friede besiegelt ist, kehren die Krieger nach Hause zurück. Sie brauchen niemandem etwas zu beweisen. Sie haben den Guten Kampf gekämpft und den Glauben bewahrt. Jeder hat ein wenig nachgegeben und dabei die Kunst des Verhandelns erlernt.

Die Freunde eines Kriegers des Lichts fragen ihn, woher er seine Energie habe. Er antwortet: »Vom verborgenen Feind.«

Die Freunde fragen, wer das sei.

Der Krieger antwortet: »Jemand, den wir nicht mehr bestrafen können.«

Das mag ein kleiner Junge sein, der ihn als Kind im Streit besiegt hat, die Freundin, die ihn mit zwölf verließ, der Lehrer, der ihn einen Esel schimpfte. Wenn seine Kräfte erlahmen, erinnert sich der Krieger daran, daß er jenen damals seinen Mut noch nicht beweisen konnte.

Er denkt nicht an Rache, weil der verborgene Feind nicht mehr Teil seiner Geschichte ist. Er denkt nur daran, seine Fertigkeiten zu vervollkommnen, damit seine Heldentaten in aller Munde sind und denen zu Ohren gelangen, die ihn einstmals verletzt haben.

Im Schmerz von gestern liegt die Kraft von heute.

Ein Krieger des Lichts bekommt im Leben immer eine zweite Chance.

Wie alle anderen Menschen auch weiß ein Krieger am Anfang seines Lebens nicht, wohin sein Weg ihn führen wird. Oftmals hat er den falschen Weg eingeschlagen, ehe er herausfindet, welches der Traum ist, den er in seinem Leben verwirklichen muß.

Kein Krieger kann sich zu den anderen ans Feuer setzen und sagen: »Ich habe immer das Richtige getan.« Wer das behauptet, lügt und hat noch nicht gelernt, sich selbst zu erkennen. Der wahre Krieger des Lichts hat durchaus schon einmal ungerecht gehandelt.

Aber im Laufe der Zeit bemerkt er, daß die Menschen, denen gegenüber er sich falsch verhalten hat, ihm immer noch einmal wieder begegnen.

Jetzt bietet sich ihm die Chance, das begangene Unrecht wiedergutzumachen, und er ergreift sie, ohne zu zögern.

Rein wie die Taube und klug wie die Schlange – so ist der Krieger des Lichts.

Wenn er sich mit anderen zum Gespräch zusammensetzt, beurteilt er nicht deren Verhalten. Er weiß, daß die Mächte der Finsternis ein unsichtbares Netz knüpfen, um das Böse zu verbreiten. In ihrem Netz fangen sie sämtliche frei schwirrenden Informationen, die sich in intrigante und neidische Stimmen verwandeln, sich wie Parasiten in der menschlichen Seele einnisten.

So gelangt eine ursprünglich unverfängliche Bemerkung über jemanden am Ende immer mit Gift und Galle angereichert zu Ohren des Betroffenen.

Daher stellt sich ein Krieger immer vor, sein Bruder sei zugegen, wenn er über dessen Verhalten redet.

In einem mittelalterlichen Brevier steht geschrieben:

»Die geistliche Energie des Weges benutzt Gerechtigkeit und Geduld, um deinen Geist vorzubereiten.

Dies ist der Weg des Ritters: ein leichter Weg, der zugleich schwierig ist, weil er ihn zwingt, die nutzlosen Dinge und die oberflächlichen Freundschaften aufzugeben. Daher zögert jeder, ihn einzuschlagen.

Hier der erste Lehrsatz des Rittertums: Du wirst löschen, was du bislang in das Heft deines Lebens geschrieben hattest: Unruhe, Unsicherheit, Lüge. Und an ihre Stelle das Wort ›Mut‹ setzen. Beginnst du den Weg mit diesem Wort und gehst du ihn im Glauben an Gott, wirst du gelangen, wohin du gelangen sollst.«

Wenn der Augenblick der Schlacht sich nähert, ist der Krieger des Lichts auf alles vorbereitet, was geschehen könnte.

Er analysiert die möglichen Strategien und fragt: »Was würde ich tun, wenn ich gegen mich kämpfen müßte?« So findet er seine Schwachstellen heraus.

Da nähert sich der Gegner mit einem Sack voller Versprechungen, Verträgen, Kompromissen. Er bringt verführerische Vorschläge und simple Lösungen mit.

Der Krieger analysiert jeden einzelnen Vorschlag. Auch er sucht eine Übereinkunft, aber ohne dabei seine Würde zu verlieren. Wenn er den Kampf vermeidet, dann nicht, weil er dazu verführt wurde, sondern weil es für ihn die beste Strategie war.

Ein Krieger des Lichts nimmt von seinem Feind keine Geschenke an.

Und ich sage es abermals:

Die Krieger des Lichts erkennen einander am Blick. Sie leben in der Welt, gehören zur Welt und wurden ohne Rucksack oder Sandalen in die Welt geschickt. Häufig sind sie feige, glauben, sie könnten nicht wachsen. Die Krieger des Lichts halten sich manchmal eines Segens oder eines Wunders für unwürdig.

Die Krieger des Lichts fragen sich häufig, was sie hier eigentlich tun. Es kommt auch vor, daß ihr Leben keinen Sinn hat.

Das macht sie zu Kriegern des Lichts. Daß sie sich irren. Daß sie fragen. Daß sie einen Sinn suchen. Und ihn am Ende finden.

Der Krieger des Lichts erwacht aus seinem Schlaf.

Er denkt: »Ich kann mit diesem Licht, das mich wachsen läßt, nicht umgehen.« Das Licht verschwindet aber nicht.

Der Krieger überlegt: »Stört es mich, weil ich mich ändern muß und es nicht will?«

Doch das Licht ist weiterhin da, weil Wollen ein listenreiches Wort ist.

Dann gewöhnen sich die Augen und das Herz des Kriegers ans Licht. Es erschreckt ihn nicht mehr, und er beginnt seinen eigenen Lebenstraum anzunehmen, auch wenn dies bedeutet, Risiken einzugehen.

Der Krieger hat sehr lange geschlafen. Es ist nur natürlich, daß er ganz allmählich aufwacht.

Jeder erfahrene Faustkämpfer erträgt Beleidigungen. Er ist sich der Kraft seiner Faust, der Kunstfertigkeit seiner Schläge bewußt. Trifft er auf einen unvorbereiteten Gegner, schaut er diesem tief in die Augen und siegt, ohne den Kampf auf der physischen Ebene führen zu müssen.

Je mehr er bei seinem spirituellen Meister lernt, desto kräftiger leuchtet das Licht des Glaubens auch in seinen Augen, und er braucht niemandem mehr etwas zu beweisen. Wenn der Gegner behauptet, Gott sei nur ein Aberglaube, Wunder seien Tricks und an Engel zu glauben sei Realitätsflucht, so berührt ihn das nicht.

Wie der Faustkämpfer ist sich auch der Krieger des Lichts seiner ungeheuren Kraft bewußt. Er kämpft mit niemandem, der der Ehre des Kampfes nicht würdig ist.

Ein Krieger des Lichts sollte sich immer der fünf Regeln für einen Kampf erinnern, die Chuang Chu vor dreitausend Jahren niedergeschrieben hat:

Der Glaube: Bevor man sich in eine Schlacht begibt, sollte man an den Grund für den Kampf glauben.

Der Gefährte: Wähle deine Verbündeten und lerne, mit anderen zusammen zu kämpfen, weil niemand allein einen Krieg gewinnt.

Die Zeit: Eine Schlacht im Winter ist anders als eine Schlacht im Sommer. Ein guter Krieger achtet darauf, in welchem Augenblick er die Schlacht beginnt.

Der Ort: Man kämpft in einer Schlucht anders als auf einer Ebene. Beachte, was um dich herum ist, dies ist die beste Art, sich zu bewegen.

Die Strategie: Der beste Krieger ist der, der seine Schlacht plant.

Wie die Schlacht am Ende ausgegangen ist, weiß der Krieger des Lichts selten.

Die Bewegung des Kampfes setzt in ihrem Umfeld viel Energie frei, und es gibt einen Augenblick, in dem sowohl der Sieg als auch die Niederlage möglich sind. Die Zeit wird zeigen, wer gesiegt oder verloren hat. Aber der Krieger weiß, daß er von diesem Augenblick an nichts mehr tun kann: Der Ausgang der Schlacht liegt in Gottes Händen.

In diesem Augenblick sorgt sich der Krieger nicht mehr um den Ausgang. Er prüft sein Herz und fragt: »Habe ich den Guten Kampf gekämpft?« Ist die Antwort positiv, ruht er sich aus. Ist die Antwort negativ, packt er sein Schwert und beginnt aufs neue zu üben.

Ein Krieger des Lichts trägt in sich einen göttlichen Funken.

Zumeist weilt er bei den anderen Kriegern, doch manchmal muß er sich auch allein in der Kunst des Schwertkampfes üben.

Daher verhält er sich, wenn er von seinen Gefährten getrennt ist, wie ein Stern. Er erleuchtet den Bereich des Universums, der ihm zuteil wurde, und versucht so all denen, die zum Himmel schauen, Galaxien und Welten aufzuzeigen.

Die Beharrlichkeit des Kriegers wird bald belohnt werden. Ganz allmählich gesellen sich andere Krieger zu ihm, und die Gefährten gruppieren sich zu Sternbildern mit den zugehörigen Geheimnissen und Symbolen.

Manchmal hat der Krieger des Lichts das Gefühl, zwei Leben zugleich zu leben.

In einem ist er gezwungen, alles zu tun, was er nicht will, für Ideen zu kämpfen, an die er nicht glaubt. Aber es gibt auch das andere Leben, und er entdeckt es in seinen Träumen, in dem, was er liest, in Begegnungen mit Menschen, die wie er denken.

Der Krieger wird zulassen, daß sich seine beiden Leben einander annähern. »Es gibt eine Brücke, die das, was ich tue, mit dem verbindet, was ich gern täte«, denkt er. Ganz allmählich siegen seine Träume über die Routine, und am Ende begreift er, daß er bereit ist für das, was er schon immer wollte.

Dann braucht es nur ein wenig Wagemut – und beide Leben werden zu einem einzigen.

Schreib noch einmal, was ich dir schon gesagt habe:

Ein Krieger des Lichts braucht Zeit für sich selber. Und er nutzt diese Zeit zur Ruhe, Kontemplation und dem Kontakt mit der Weltenseele. Sogar in der Schlacht kann er meditieren.

Es gibt Augenblicke, in denen der Krieger sich einfach niedersetzt und sich entspannt und alles geschehen läßt, was um ihn herum geschieht. Er betrachtet die Welt wie ein Zuschauer und versucht weder etwas hinzuzufügen noch etwas wegzunehmen. Er gibt sich nur widerstandslos den Bewegungen des Lebens hin.

Ganz allmählich wird das, was kompliziert erschien, einfach. Und der Krieger freut sich.

Ein Krieger des Lichts hütet sich vor Leuten, die glauben, den Weg zu kennen.

Diese vertrauen ihrer eigenen Entscheidungsfähigkeit so sehr, daß sie die Ironie nicht bemerken, mit der das Schicksal das Leben eines jeden schreibt: Und sie protestieren immer, wenn das Unausweichliche an die Tür klopft.

Ein Krieger des Lichts hat Träume. Seine Träume führen ihn weiter. Aber er begeht niemals den Fehler, zu glauben, der Weg sei einfach und die Pforte sei breit.

Er weiß, das Universum funktioniert wie die Alchimie: *Solve et coagula,* sagten die Meister. Konzentriere und verströme deine Energien der Situation gemäß.

Es gibt Augenblicke, in denen man handeln muß, und es gibt Augenblicke, in denen man hinnehmen muß. Der Krieger weiß um den Unterschied.

Wenn er lernt, sein Schwert zu gebrauchen, findet der Krieger des Lichts heraus, daß er vollständig ausgestattet sein muß – und dazu gehört auch eine Rüstung.

Er macht sich auf, um eine Rüstung zu besorgen, und hört sich die unterschiedlichen Vorschläge der verschiedenen Verkäufer an.

»Benutze den Panzer der Einsamkeit«, sagt einer.

»Benutze den Schild des Zynismus«, entgegnet ein anderer.

»Die beste Rüstung ist, sich in nichts einzumischen«, behauptet ein dritter.

Der Krieger schenkt ihnen jedoch kein Gehör. Er macht sich gelassen zum heiligen Ort auf und kleidet sich in den unzerstörbaren Mantel des Glaubens.

Der Glaube wehrt alle Hiebe ab. Der Glaube verwandelt Gift in kristallklares Wasser.

Ich glaube immer alles, was die Leute sagen, und bin stets enttäuscht«, klagen die Gefährten.

Es ist wichtig, anderen Menschen Vertrauen zu schenken. Ein Krieger des Lichts fürchtet sich nicht vor Enttäuschungen, weil er die Kraft seines Schwertes und die Kraft seiner Liebe kennt.

Dennoch kann auch er Grenzen setzen: Es ist eines, die Zeichen Gottes anzunehmen und zu begreifen, daß die Engel durch den Mund unseres Nächsten zu uns sprechen, um uns Ratschläge zu erteilen. Es ist etwas anderes, entscheidungsunfähig zu sein und es ständig darauf anzulegen, daß die anderen uns sagen, was wir zu tun haben.

Der Krieger vertraut den anderen, weil er vor allem Vertrauen in sich selbst hat.

Ein Krieger des Lichts betrachtet das Leben zugleich voller Zärtlichkeit und Strenge.

Er steht vor einem Geheimnis, dessen Lösung er eines Tages finden wird. Hin und wieder sagt er sich: »Dieses Leben ist irgendwie verrückt.«

Und er hat recht. Dem Wunder des Alltäglichen hingegeben, bemerkt er, daß er die Auswirkungen seiner Taten nicht immer absehen kann. Manchmal handelt er, ohne zu wissen, daß er handelt, rettet er, ohne zu wissen, daß er rettet, leidet er, ohne zu wissen, warum er traurig ist.

Ja, das Leben ist verrückt. Doch die große Weisheit eines Kriegers des Lichts liegt darin, seine eigene Form der Verrücktheit gut auszuwählen.

Ein Krieger des Lichts betrachtet die zwei Säulen zu beiden Seiten der Tür, die er öffnen will.

Eine heißt Angst, die andere heißt Wunsch. Der Krieger schaut auf die Säule der Angst, und dort steht: »Du wirst in eine unbekannte, gefährliche Welt treten, in der dir alles, was du bislang gelernt hast, nichts nützen wird.«

Der Krieger schaut auf die Säule des Wunsches, und dort steht: »Du wirst aus einer bekannten Welt heraustreten, in der die Dinge verwahrt sind, die du immer haben wolltest und um die du so viel gekämpft hast.«

Der Krieger lächelt, weil es nichts gibt, was ihn schreckt, und nichts, was ihn hält. Sicher wie jemand, der weiß, was er will, öffnet er die Tür.

Für das innere Wachstum kennt ein Krieger des Lichts eine höchst wirksame Übung: Er achtet auf die Dinge, die er automatisch macht, wie atmen, mit den Augen zwinkern oder die Dinge um ihn herum wahrnehmen.

Er wiederholt die Übung jedesmal, wenn er verwirrt ist. Damit befreit er sich von Spannungen und läßt seine Intuition freier arbeiten, ohne von seinen Ängsten und Wünschen beeinflußt zu werden. Bestimmte Probleme, die ihm unlösbar vorkamen, finden eine Lösung, bestimmte Schmerzen, die er für unbesiegbar hielt, verschwinden plötzlich.

Wann immer er sich vor eine schwierige Situation gestellt sieht, wendet er diese Technik an.

Ich will bestimmte Dinge nicht erwähnen, weil die Menschen neidisch sind.« Der Krieger des Lichts lacht, wenn er solche Kommentare hört.

Neid richtet so lange keinen Schaden an, wie er nicht akzeptiert wird. Neid gehört zum Leben, und alle müssen lernen, damit umzugehen.

Dennoch redet der Krieger selten über seine Pläne. Und manchmal glauben die Leute, es sei aus Angst vor Neidern.

Doch er kennt die Macht des Wortes. Jedesmal, wenn er von einem Traum spricht, verbraucht er ein bißchen von dessen Energie. Und er riskiert, durch das viele Reden alle Energie zu verbrauchen, die zum Handeln notwendig ist.

Ein Krieger des Lichts kennt die Macht des Wortes.

Ein Krieger des Lichts kennt den Wert der Beharrlichkeit und des Mutes.

Häufig treffen ihn während des Kampfes Hiebe, die er nicht erwartet hat. Und er begreift, daß der Feind im Krieg so manche Schlacht gewinnen wird. In solchen Momenten läßt er seinem Schmerz freien Lauf und weint. Und er ruht sich aus, um wieder zu Kräften zu kommen. Doch dann beginnt er von neuem, für seine Träume zu kämpfen.

Denn je länger er sich zurückzieht, desto größer ist die Wahrscheinlichkeit, daß er sich schwach, ängstlich, eingeschüchtert fühlt. Wenn ein Reiter vom Pferd fällt und es in der Minute darauf nicht wieder besteigt, wird er nie mehr den Mut dazu aufbringen.

Jeder Krieger weiß, was sich lohnt.

Er baut bei seinen Entschlüssen auf die Inspiration und den Glauben. Dennoch begegnet er Menschen, die ihn auffordern, an Kämpfen teilzunehmen, die nicht seine sind, oder auf Schauplätzen zu kämpfen, die er nicht kennt oder die ihn nicht interessieren. Sie möchten den Krieger in Kämpfe hineinziehen, die für sie selber wichtig sind, aber nicht für ihn.

Häufig sind es Menschen, die ihm nahestehen, die den Krieger lieben, seiner Kraft vertrauen und auf seine Hilfe bauen, weil sie selbst Angst haben.

In solchen Augenblicken lächelt er und zeigt seine Liebe, läßt sich jedoch nicht darauf ein.

Ein wahrer Krieger des Lichts wählt sein Schlachtfeld stets selbst.

Ein Krieger des Lichts weiß zu verlieren.

Er tut nicht so, als wäre ihm die Niederlage gleichgültig, indem er Sätze sagt wie: »Ach, das war nicht so wichtig« oder »Im Grunde wollte ich es genau so.« Er nimmt die Niederlage als Niederlage an und versucht nicht, sie in einen Sieg umzumünzen.

Er leidet unter den Schmerzen seiner Wunden, der Gleichgültigkeit der Freunde, der Einsamkeit, die durch Verlust entsteht. In diesen Augenblicken sagt er sich: »Ich habe um etwas gekämpft und habe es nicht erlangt. Ich habe die erste Schlacht verloren.«

Dieser Satz verleiht ihm neue Kräfte. Er weiß, daß niemand immer gewinnt, und weiß seine Erfolge von seinen Fehlern zu unterscheiden.

Wenn jemand etwas ganz fest will, dann setzt sich das ganze Universum dafür ein, daß er es auch erreicht. Der Krieger weiß das.

Aus diesem Grund ist er immer sehr vorsichtig mit dem, was er denkt. Oft verbergen sich unter guten Absichten Gefühle, die niemand sich selber einzugestehen wagt: Rache, Selbstzerstörung, Schuld, Angst vor dem Sieg, Schadenfreude.

Das Universum richtet nicht: Es setzt sich dafür ein, daß wir erreichen, was wir wollen. So bekommt der Krieger den Mut, die Schattenseiten seiner Seele zu erforschen und nachzuschauen, ob er nichts Falsches für sich erbittet.

Und er ist immer sehr vorsichtig mit dem, was er denkt.

Jesus hat gesagt: »Eure Rede sei: Ja, ja; nein, nein.« Wenn der Krieger des Lichts eine Verpflichtung eingeht, hält er Wort.

Diejenigen, die etwas versprechen und ihr Versprechen dann nicht halten, verlieren ihre Selbstachtung, schämen sich ihrer Taten. Das Leben dieser Menschen gleicht einer ständigen Flucht. Sie verbrauchen mehr Energie dafür, Entschuldigungen vorzubringen, um das herabzuspielen, was sie gesagt haben, als der Krieger des Lichts, um seine Versprechen zu halten.

Manchmal geht auch er eine verrückte Verpflichtung ein, die ihm zum Nachteil gerät. Er wird es nicht wieder tun, doch er steht zu dem, was er zugesagt hat, und zahlt für seine übereilte Zusage.

Wenn er eine Schlacht gewinnt, feiert der Krieger ein Fest.

Dieser Sieg wurde hart erkämpft, mit Nächten voller Zweifel und Tagen endlosen Wartens bezahlt. Seit jeher gehört das Siegesfest zum Ritual des Lebens: Die Feier ist ein Übergangsritus.

Die Gefährten sehen die Freude des Kriegers und denken: »Warum tut er das? Er könnte im nächsten Kampf versagen. Er könnte die Wut des Feindes heraufbeschwören.«

Doch der Krieger weiß, was hinter seiner Geste steht. Er genießt das schönste Geschenk, das der Sieg einem bringen kann: Selbstvertrauen.

Er feiert heute seinen gestrigen Sieg, um Kraft zu schöpfen für den Kampf von morgen.

Unverhofft stellt der Krieger plötzlich fest, daß er ohne die frühere Begeisterung kämpft.

Er macht alles so weiter wie bisher, doch was er tut, kommt ihm sinnlos vor. Da bleibt ihm nur eins: den Guten Kampf weiterzuführen. Er betet – aus Verpflichtung oder aus Angst oder aus welchen Gründen auch immer –, aber er unterbricht seinen Weg nicht.

Er weiß, daß der Engel Dessen, der ihm Inspiration gibt, sich nur eine Verschnaufpause gönnt. Der Krieger konzentriert sich ganz auf den Kampf. Er bleibt beharrlich, auch wenn ihm alles sinnlos erscheint. Und alsbald kehrt der Engel wieder, und allein das Rauschen seiner Flügel wird ihm die Freude zurückbringen.

Ein Krieger des Lichts teilt sein Wissen über den Weg mit den anderen.

Wer hilft, dem wird immer geholfen werden, und er sollte das weitergeben, was er gelernt hat. Daher setzt er sich ans Feuer und erzählt von seinem Kampfestag.

Ein Freund flüstert: »Warum sprichst du so offen über deine Strategie? Siehst du nicht, daß du Gefahr läufst, deine Siege mit anderen teilen zu müssen?«

Der Krieger lächelt nur und antwortet nicht. Er weiß, daß, wenn er am Ende des Weges in einem leeren Paradies anlangt, sein Kampf nichts wert war.

Gott nutzt unsere Einsamkeit dazu, uns das Zusammenleben zu lehren. Er nutzt den Zorn, um den unendlichen Wert des Friedens zu zeigen. Er nutzt die Langeweile, um dadurch die Bedeutung des Abenteuers und der Hingabe hervorzuheben.

Gott nutzt die Stille, um den Wert der Worte zu zeigen. Er nutzt die Müdigkeit, um den Wert des Wachseins verständlich zu machen. Er nutzt die Krankheit, um den Segen der Gesundheit herauszustellen.

Gott nutzt das Feuer, um das Wasser zu erklären. Er nutzt die Erde, um den Wert der Luft begreiflich zu machen. Er nutzt den Tod, um zu zeigen, wie kostbar das Leben ist.

Ein Krieger des Lichts gibt, bevor man ihn bittet.

Einige seiner Gefährten meinen dazu: »Wer etwas will, kann doch bitten.«

Doch der Krieger weiß, daß es viele Menschen gibt, die das nicht können, die einfach nicht um Hilfe bitten *können.* In seiner Umgebung leben Menschen, deren Herz so zerbrechlich ist, daß es beginnt, krankhafte Lieben zu durchleben. Sie dürsten nach Zuneigung und schämen sich, es zu zeigen.

Der Krieger versammelt sie um das Feuer, erzählt Geschichten, teilt seine Nahrung, betrinkt sich mit ihnen. Am nächsten Tag fühlen sie sich besser.

Diejenigen, die das Unglück anderer gleichgültig läßt, sind die Allerunglücklichsten.

Saiten, die immer gespannt sind, verstimmen am Ende.

Krieger, die ständig trainieren, verlieren die Fähigkeit, spontan zu kämpfen. Pferde, die immer über Hindernisse springen, brechen sich schließlich ein Bein. Bogen, die jeden Tag gebogen werden, schießen ihre Pfeile nicht mit der gleichen Kraft ab.

Daher versucht ein Krieger des Lichts, sich mit den kleinen Dingen des Alltags zu vergnügen, selbst wenn ihm nicht danach ist.

Ein Krieger des Lichts hört auf Lao Tse, wenn dieser sagt, daß wir uns von der Vorstellung von Tagen und Stunden lösen sollen, um der Minute mehr Aufmerksamkeit zu zollen.

Nur so kann er bestimmte Probleme lösen, noch bevor sie da sind. Indem er auf die kleinen Dinge achtet, gelingt es ihm, großes Unglück zu vermeiden.

Aber an die kleinen Dinge denken heißt nicht kleinmütig denken. Zu viel Besorgtsein macht am Ende jede Lebensfreude zunichte.

Der Krieger weiß, daß ein großer Traum aus vielen unterschiedlichen Dingen besteht, so wie die Sonne die Summe ihrer Millionen Strahlen ist.

Zuweilen folgt der Weg des Kriegers der Routine.

Dann befolgt er, was Rabbi Nachman aus Breslov sinngemäß sagt: »Wenn es dir nicht gelingt, zu meditieren, dann sage nur ein einfaches Wort und wiederhole es immer wieder, denn das tut der Seele wohl. Sag nichts weiter, wiederhole nur unaufhörlich, unzählige Male dieses Wort. Es wird seinen Sinn verlieren und dann eine neue Bedeutung erlangen. Gott wird die Türen öffnen, und du wirst dieses einfache Wort benutzen und damit alles sagen können, was du sagen möchtest.«

Wenn er gezwungen ist, dieselbe Aufgabe mehrfach durchzuführen, wendet der Krieger diese Taktik an und läßt seine Arbeit zum Gebet werden.

Ein Krieger des Lichts hat keine Gewißheiten, sondern einen Weg, dem er folgt und dem er sich immer wieder aufs neue anzupassen versucht.

Er kämpft im Sommer mit einer Ausrüstung und Techniken, die anders sind als die für den Winter. Da er flexibel ist, beurteilt er die Welt nicht nach »richtig« oder »falsch«, sondern aufgrund der »für diesen Augenblick geeignetsten Haltung«.

Er weiß, daß auch seine Gefährten sich anpassen müssen, und ist nicht überrascht, wenn sie ihre Haltung ändern. Er gibt allen die Zeit, die sie brauchen, um ihre Taten zu rechtfertigen.

Aber er ist unversöhnlich, wenn es um Verrat geht.

Wenn der Krieger des Lichts sich mit seinen Freunden ums Feuer setzt, verbringen sie Stunden damit, sich gegenseitig Schuld zuzuweisen, aber am Ende schlafen sie alle im selben Zelt und vergessen die ausgesprochenen Beleidigungen. Manchmal stößt jemand später zur Gruppe. Da sie noch keine gemeinsame Geschichte haben, zeigt er nur seine Vorzüge, und einige sehen in ihm einen Meister.

Doch der Krieger des Lichts vergleicht ihn mit seinen alten Kampfgenossen. Der Fremde ist willkommen, aber er wird nur Vertrauen zu ihm haben, wenn er auch dessen Fehler kennt.

Ein Krieger des Lichts begibt sich nicht in eine Schlacht, ohne die Grenzen seiner Verbündeten zu kennen.

Ein Krieger des Lichts kennt den alten Spruch: »Wenn Bereuen töten könnte...«

Und er weiß, daß Bereuen tötet. Es zersetzt langsam die Seele dessen, der etwas Falsches getan hat, und führt zur Selbstzerstörung.

Der Krieger will nicht so sterben. Wenn er niederträchtig oder böswillig gehandelt hat – denn er ist ein Mensch voller Fehler –, schämt er sich nicht, um Verzeihung zu bitten.

Er benutzt seine Kraft, um den angerichteten Schaden zu beheben, falls es noch geht. Wenn der Mensch, dem er übel mitgespielt hat, schon tot ist, tut er einem Fremden Gutes und schenkt diese Aufgabe der Seele dessen, den er verletzt hat.

Ein Krieger des Lichts kennt kein Bereuen, weil Bereuen tötet. Er erniedrigt sich und macht den Schaden wieder gut, den er verursacht hat.

Alle Krieger des Lichts haben ihre Mutter schon einmal sagen hören: »Mein Sohn hat das getan, weil er den Kopf verloren hat, aber im Grunde ist er ein guter Mensch.«

Obwohl er seine Mutter achtet, weiß er, daß dies nicht stimmt. Er klagt sich zwar nicht seiner unbedachten Handlungen an, verzeiht sich aber auch nicht all seine Fehler, denn so würde er den richtigen Weg auch nicht finden.

Er benutzt seinen gesunden Menschenverstand, um das Ergebnis seiner Handlungen zu beurteilen, aber nicht die Absichten, die er hatte, als er sie durchführte. Er steht zu dem, was er tut, auch wenn er für seinen Fehler einen hohen Preis zahlen muß.

Ein altes arabisches Sprichwort lautet: »Gott beurteilt den Baum nach seinen Früchten und nicht nach seinen Wurzeln.«

Bevor er eine wichtige Entscheidung trifft – einen Krieg erklärt, sich mit seinen Gefährten auf eine andere Ebene begibt, ein Feld aussucht, auf dem er sät –, fragt sich der Krieger: »Welche Auswirkungen wird dies auf die fünfte Generation meiner Nachfahren haben?«

Ein Krieger weiß, daß die Taten eines jeden Menschen lange wirken, und muß daher wissen, welche Welt er seiner fünften Generation hinterläßt.

Verursache nur ja keinen Sturm im Wasserglas«, warnt jemand den Krieger des Lichts.

Doch er spielt niemals einen schwierigen Augenblick hoch und versucht immer, die notwendige Ruhe zu bewahren.

Dennoch urteilt er nie über den Schmerz der anderen.

Ein kleines Detail, das ihn selbst nicht betrifft, kann für die Qual eine Lunte sein, die in der Seele seines Bruders schwelt. Der Krieger hat Achtung vor dem Leid seines Nächsten und versucht nicht, dieses mit seinem zu vergleichen.

Der Kelch des Leids ist nicht für alle gleich groß.

Mut ist die wichtigste Eigenschaft für den spirituellen Weg«, sagte Gandhi.

Die Welt erscheint den Feigen bedrohlich und gefährlich. Sie suchen die verlogene Sicherheit eines Lebens ohne große Herausforderungen und bewaffnen sich bis an die Zähne, um das zu verteidigen, was sie zu besitzen glauben. Die Feigen schmieden letztlich die Gitter ihres eigenen Gefängnisses.

Ein Krieger des Lichts denkt über den Horizont hinaus. Er weiß: Wenn er nichts für die Welt tut, tut es auch kein anderer.

Daraufhin nimmt er am Guten Kampf teil und hilft den anderen, ohne selber recht zu wissen, warum er es tut.

Aufmerksam liest der Krieger des Lichts einen Text, den die Weltenseele Chico Xavier geschickt hat, sehr aufmerksam: »Wenn es dir gelingt, große Beziehungsprobleme zu lösen, dann halte dich nicht bei der Erinnerung an schwierige Augenblicke auf, sondern bei der Freude darüber, eine weitere Prüfung in deinem Leben bestanden zu haben. Wenn eine lange Krankheit hinter dir liegt, denk nicht an das Leiden, das du durchmachen mußtest, sondern an den Segen Gottes, der die Heilung möglich machte.

Behalte für den Rest deines Lebens die guten Dinge in deiner Erinnerung, die aus den Schwierigkeiten entstanden. Sie werden ein Beweis für deine Fähigkeiten sein und dir, wenn Hindernisse auftauchen, Selbstvertrauen schenken.«

Mancher Krieger des Lichts richtet sein Augenmerk auf die kleinen Wunder des Alltags.

Er ist fähig, das Schöne zu sehen, weil er die Schönheit in sich trägt, denn die Welt ist ein Spiegel und wirft einem jeden Menschen das Bild seines eigenen Gesichts zurück.

Wenn er sich auch seiner Fehler und Grenzen bewußt ist, so tut der Krieger doch alles, um in Krisenzeiten seine gute Laune nicht zu verlieren.

Letztlich bemüht sich die Welt, ihm zu helfen, auch wenn alles um ihn herum das Gegenteil zu beweisen scheint.

Es gibt Gefühlsmüll. Hergestellt wird er von den Denkfabriken. Er besteht aus vergangenen Schmerzen, die jetzt keinen Nutzen mehr haben. Er besteht aus Vorsichtsmaßnahmen, die einstmals wichtig waren, es jetzt aber nicht mehr sind.

Der Krieger hat auch seine Erinnerungen, aber er kann das Nützliche vom Nutzlosen trennen. Er wirft seinen Gefühlsmüll weg.

Ein Gefährte meint: »Aber das gehört doch zu meiner Geschichte. Warum soll ich Gefühle aufgeben, die mein Leben geprägt haben?«

Der Krieger lächelt, aber versucht nicht, etwas zu fühlen, was er nicht fühlt. Er ändert sich und möchte, daß seine Gefühle dies mit ihm tun.

Wenn der Krieger deprimiert ist, sagt der Meister zu ihm:

»Du bist nicht, was du zeigst, wenn du traurig bist. Du bist sehr viel mehr.

Während andere aus Gründen, die wir nie verstehen werden, schon gegangen sind, bist du immer noch da. Warum hat Gott so unglaubliche Menschen abberufen und dich hier ausharren lassen?

An diesem Punkt haben Millionen Menschen bereits aufgegeben. Sie sind nicht gelangweilt, aber weinen auch nicht. Sie tun überhaupt nichts, warten nur darauf, daß die Zeit vergeht. Sie haben die Fähigkeit, zu reagieren, verloren.

Du jedoch bist traurig. Das beweist, daß deine Seele lebendig geblieben ist.«

Manchmal hat der Krieger mitten im endlosen Schlachtgetümmel plötzlich eine Idee, die ihm innerhalb von Sekunden zum Sieg verhilft.

Dann denkt er: »Warum habe ich bloß so lange in einem Kampf gelitten, den ich mit der Hälfte der bereits verausgabten Energie hätte gewinnen können?«

Ein Problem sieht, wenn es einmal gelöst ist, immer einfach aus. Der große Sieg, der heute leicht errungen scheint, ist das Ergebnis einer Reihe kleiner, unbemerkter Siege.

Da begreift der Krieger, was geschehen ist, und schläft ruhig. Anstatt sich schuldig zu fühlen, weil er so lange bis dorthin gebraucht hat, freut er sich darüber, daß er angekommen ist.

Es gibt zwei Arten zu beten.

Bei der ersten bittet man, daß bestimmte Dinge geschehen mögen, und versucht dabei, Gott zu sagen, was Er zu tun hat. Dies gesteht dem Schöpfer weder Zeit noch einen Handlungsspielraum zu. Gott weiß sehr viel besser als jeder von uns, daß Er tun wird, was Er für richtig hält. Und in demjenigen, der so gebetet hat, bleibt das Gefühl zurück, nicht erhört worden zu sein.

Bei der zweiten Art des Betens überläßt sich der Mensch Gottes Ratschluß, ohne die Wege des Höchsten zu kennen. Er bittet darum, vom Leid verschont zu werden, bittet um Freude beim Guten Kampf, aber er vergißt nie zu sagen: »Dein Wille geschehe.«

Der Krieger des Lichts betet auf die zweite Art.

Jeder Krieger weiß, daß in allen Sprachen die wichtigsten Worte die kleinen Worte sind.

Ja. Liebe. Gott.

Es sind Worte, die sich leicht sagen lassen und die riesige leere Räume füllen.

Dennoch gibt es ein Wort, das ebenfalls klein ist, das viele Menschen aber nur schwer aussprechen können: *nein.*

Wer niemals *nein* sagt, hält sich für großzügig, verständnisvoll, wohlerzogen. Weil dem *Nein* der Ruf vorausgeht, böse, egoistisch, wenig spirituell zu sein.

Der Krieger geht nicht in diese Falle. Es gibt Augenblicke, in denen er, indem er zu anderen *ja* sagt, zu sich selber möglicherweise *nein* sagt.

Daher spricht er mit den Lippen nie ein *Ja* aus, wenn sein Herz *nein* sagt.

Erstens: Gott ist Aufopferung. Laßt uns in diesem Leben leiden, und wir werden im nächsten glücklich sein.

Zweitens: Wer sich amüsiert, ist ein Kind. Laßt uns ständig angespannt sein.

Drittens: Die anderen wissen, was das Beste für uns ist, weil sie mehr Erfahrung haben.

Viertens: Es ist unsere Pflicht, andere glücklich zu machen. Wir müssen ihnen zu Gefallen sein, selbst wenn dies für uns bedeutet, auf wichtige Dinge zu verzichten.

Fünftens: Man sollte nicht aus dem Becher des Glücks trinken, denn man könnte auf den Geschmack kommen – und er ist nicht immer zur Hand.

Sechstens: Man sollte alle Strafen annehmen. Wir sind schuldig.

Siebtens: Angst ist eine Warnung. Wir werden kein Risiko eingehen.

Dies sind die Gebote, denen kein Krieger des Lichts gehorchen darf.

Mitten auf der Straße steht eine große Menschenansammlung und versperrt den Weg ins Paradies.

Der Puritaner fragt: »Warum die Sünder?«

Und der Moralist schreit: »Die Prostituierte möchte am Bankett teilnehmen!«

Der Hüter sozialer Werte ruft: »Wie kann man der ehebrecherischen Frau verzeihen, wo sie doch gesündigt hat?«

Der Büßer zerreißt seine Kleider: »Warum einen Blinden heilen, der nur an seine Krankheit denkt und sich nicht einmal bedankt?«

Der Asket schimpft: »Du läßt zu, daß die Frau ein teures Öl auf dein Haupt gießt! Warum verkaufst du es nicht und kaufst dafür etwas zu essen?«

Lächelnd hält Jesus die Pforte auf. Und die Krieger des Lichts treten, vom aufgebrachten Geschrei unbeeindruckt, ein.

Der Gegner ist weise.

Sobald er kann, greift er zur einfachsten und wirksamsten Waffe: der Intrige. Er braucht nicht viel Mühe aufzuwenden, denn die anderen arbeiten für ihn. Fehlgeleitete Worte zerstören Monate des Fleißes, Jahre der Suche nach Harmonie.

Der Krieger des Lichts wird häufig Opfer dieses Hinterhaltes. Er weiß nicht, woher der Schlag kam, und hat nichts, um die Hinterhältigkeit der Intrige zu beweisen. Die Intrige gewährt kein Recht auf Verteidigung: sie verurteilt ohne Gerichtsverfahren.

Dann erträgt er die Konsequenzen und unverdienten Strafen – denn Worte sind mächtig, und das weiß er. Doch er leidet stumm und schlägt niemals mit der gleichen Waffe zurück.

Ein Krieger des Lichts ist nicht feige.

Gib dem Toren tausend Intelligenzen, er wird nur deine haben wollen«, lautet ein arabisches Sprichwort.

Wenn der Krieger des Lichts beginnt, seinen Garten anzulegen, bemerkt er seinen Nachbarn, der ihm zusieht und der ihm Vorschläge macht, wie er seine Taten säen, seine Gedanken düngen, seine Erfolge begießen soll.

Achtet er auf dessen Worte, wird er eine Arbeit machen, die nicht seine ist. Der Garten, den er dann bestellt, entspricht der Vorstellung des Nachbarn.

Aber ein wahrer Krieger des Lichts weiß, daß jeder Garten seine Geheimnisse hat, die nur die geduldige Hand des Gärtners enträtseln kann. Daher wird er der Sonne, dem Regen, den Jahreszeiten seine Aufmerksamkeit schenken.

Er weiß, daß der Tor, der über den Zaun linst und dem Nachbarn Vorschläge zu seinem Garten macht, sich nicht um die eigenen Pflanzen kümmert.

Im Kampf muß man die Augen offenhalten und treue Gefährten an seiner Seite haben.

Es kann passieren, daß derjenige, der an der Seite des Kriegers des Lichts gekämpft hat, plötzlich zu dessen Feind wird.

Die erste Reaktion ist der Haß. Aber der Krieger weiß, daß ein blinder Kämpfer inmitten der Schlacht verloren ist.

Daher versucht er, das Gute zu sehen, das der ehemalige Verbündete in der Zeit getan hat, als sie noch zusammen kämpften. Er versucht zu verstehen, was ihn zur unvermittelten Änderung seiner Haltung bewogen hat, welche Verwundungen sich in seiner Seele angehäuft haben. Er versucht herauszubekommen, was einen der beiden dazu gebracht hat, den Dialog aufzugeben.

Niemand ist ganz und gar gut oder ganz und gar böse. Daran denkt der Krieger, wenn er sieht, daß er einen neuen Gegner hat.

Ein Krieger weiß, daß der Zweck nicht die Mittel heiligt.

Weil es keinen Zweck gibt. Es gibt nur Mittel. Das Leben trägt ihn von Unbekanntem zu Unbekanntem. In jeder Minute liegt dieses aufregende Geheimnis: Der Krieger weiß weder, woher er kommt, noch, wohin er geht.

Aber er ist nicht zufällig hier. Und er freut sich über die Überraschung, ist hingerissen von bisher unbekannten Landschaften. Häufig empfindet er Angst, aber das ist bei einem Krieger ganz normal.

Denkt er nur an das Ziel, dann kann er nicht auf die Zeichen am Wege achten. Konzentriert er sich nur auf eine Frage, werden ihm viele andere Antworten entgehen.

Daher gibt sich der Krieger hin.

Der Krieger weiß, daß es einen Dominoeffekt gibt.

Er hat schon häufig Menschen gesehen, die falsch an jemandem handelten, der nicht den Mut hatte, sich zu wehren. Dieser hat dann aus Feigheit und Ressentiment seine Wut an jemand noch Schwächerem ausgelassen, der sie wiederum an jemand anderem ausließ. So setzt sich das Unglück fort. Niemand kennt die Folgen seiner eigenen Grausamkeit.

Daher ist der Krieger vorsichtig im Gebrauch seines Schwertes und erkennt nur einen Gegner an, der seiner würdig ist. Übermannt ihn die Wut, traktiert er den Fels mit Fausthieben und verletzt seine Hand.

Die Hand wird wieder heilen, aber das Kind, das von seinem Vater geschlagen wurde, weil dieser eine Schlacht verlor, wird sein ganzes Leben lang davon geprägt sein.

Wenn der Befehl kommt, woandershin zu ziehen, sucht der Krieger alle Freunde auf, die er auf seinem Weg gemacht hat. Einigen hat er beigebracht, die Glocken einer versunkenen Kirche zu hören, anderen hat er am Lagerfeuer Geschichten erzählt.

Sein Herz ist traurig, aber er weiß, daß sein Schwert geweiht ist und er den Befehlen dessen gehorchen muß, dem er seinen Kampf geschenkt hat.

Dann dankt der Krieger des Lichts seinen Weggefährten, atmet tief durch und schreitet aus, und ihn begleiten die Erinnerungen einer unvergeßlichen Wanderung.

EPILOG

Die Frau verstummte. Die Nacht war hereingebrochen. Gemeinsam betrachteten der Mann und die Frau den aufgehenden Mond. »Ich finde, du hast dir öfter und in vielem widersprochen«, merkte der Mann an.

Die Frau erhob sich.

»Adieu«, sagte sie. »Du wußtest, daß die Glokken am Meeresgrund kein Märchen waren, du hast sie aber erst hören können, als du begriffen hattest, daß der Wind, die Möwen, das Schleifen der Palmenblätter ein Teil des Glokkenklanges waren.

So weiß der Krieger des Lichts ebenfalls, daß alles, was ihn umgibt – seine Siege, seine Niederlagen, seine Begeisterung und seine Mutlosigkeit –, Teil des Guten Kampfes ist. Und bei Bedarf wird er auf die angemessene Strategie zurückgreifen. Ein Krieger schert sich nicht um Widersprüche, er lernt, mit seinen Widersprüchen zu leben.«

»Wer bist du?« fragte er.

Doch die Frau hatte sich bereits entfernt und schritt über die Wellen dem aufgehenden Mond entgegen.

Bitte beachten Sie
auch die folgenden Seiten

Kleine Diogenes Bibliothek der Weisheit

»Wer andere kennt, ist klug; wer sich selbst kennt, ist erleuchtet.« *Lao Tse*

Buddha
Worte der Vollendung
Herausgegeben und mit einem Vorwort und einem Nachwort von Wolfgang Kraus

Deepak Chopra
Feuer im Herzen
Eine spirituelle Reise
Aus dem Amerikanischen von Ingrid Fischer-Schreiber

Paulo Coelho
Handbuch des Kriegers des Lichts
Aus dem Brasilianischen von Maralde Meyer-Minnemann

Dalai Lama
Ratschläge des Herzens
Aufgezeichnet und mit einem Vorwort von Matthieu Ricard. Aus dem Französischen von Ingrid Fischer-Schreiber

Khalil Gibran
Der Prophet
Aus dem Amerikanischen von Ingrid Fischer-Schreiber

Jiddu Krishnamurti
Meditationen
Eine Auswahl aus den Schriften. Aus dem Englischen von Ulrich Hartmann

Lao Tse
Tao-Te-King
Ins Deutsche übertragen von Hans Knospe und Odette Brändli. Mit einem Nachwort von Knut Walf

Gerald Roscoe
Das gute Leben.
Ein Wegweiser zum Buddhismus für den Westen
Aus dem Amerikanischen von Dagmar Danilschenko

Zen
Worte großer Meister
Herausgegeben von Thomas Cleary. Aus dem Amerikanischen von Ingrid Fischer-Schreiber

Paulo Coelho

Auf dem Jakobsweg

Tagebuch einer Pilgerreise nach Santiago de Compostela

Aus dem Brasilianischen von Maralde Meyer-Minnemann

Der 700 km lange Pfad von den Pyrenäen bis nach Santiago de Compostela, der letzte Abschnitt des sogenannten Jakobswegs, galt im Mittelalter neben den Wallfahrten nach Rom und Jerusalem als wichtigster Pilgerweg.
Diesen langen Weg durch die rauhen, leeren Landschaften Nordspaniens ging im Sommer 1986 auch Paulo Coelho. Als Mitglied einer alten katholischen Bruderschaft war ihm soeben aufgrund mangelnder Demut die Meisterweihe verweigert worden. Der einzige Ausweg aus der Krise: den Pilgerpfad nach Compostela zu beschreiten, um »sich selber kennenzulernen« und zu erfahren, daß »der Weg der Erkenntnis allen Menschen offensteht und bei den einfachen Dingen beginnt«.
In diesem sehr persönlichen ›Tagebuch‹ erzählt Paulo Coelho von Abenteuern, Strapazen und spirituellen Prüfungen – Erfahrungen, die in den Roman *Der Alchimist* einflossen, den er nach Vollendung des Pilgerwegs schrieb und mit dem er weltweit über 21 Millionen Leser erreichte.
Heute besinnen sich viele Menschen auf ihre historischen, geistigen und persönlichen Wurzeln, schlagen fern von Schnellstraßen und Flugplätzen eine langsamere Gangart ein, um zu sich selbst zu finden. *Auf dem Jakobsweg*, Coelhos erstes Buch, bietet Gelegenheit und Anleitung dazu.

»Paulo Coelho ist Literatur als Zauber des Wesentlichen.« *Norddeutscher Rundfunk, Hamburg*

Paulo Coelho
Der Alchimist

Roman. Aus dem Brasilianischen
von Cordula Swoboda Herzog

Santiago, ein andalusischer Hirte, hat einen wiederkehrenden Traum: Am Fuß der Pyramiden liege ein Schatz für ihn bereit. Soll er das Vertraute für möglichen Reichtum aufgeben? War er nicht zufrieden mit seiner bescheidenen Existenz? Santiago ist mutig genug, seinen Traum nicht einfach beiseite zu wischen. Er wagt sich hinaus und begibt sich auf eine Reise, die ihn nicht nur von den Souks in Tanger über Palmen und Oasen bis nach Ägypten führt, er findet in der Stille der Wüste auch immer mehr zu sich selbst und erkennt, was das Leben für Schätze bereithält, die nicht einmal mit Gold aufzuwiegen sind.
Der Alchimist ist ein Buch voll orientalischer Weisheit, eine Geschichte von wunderbarer Schlichtheit und kristalliner Klarheit, ein warmes, lebensfrohes Buch, das Mut macht, den eigenen Lebenstraum Wirklichkeit werden zu lassen.

»Die Geschichte einer Selbstwerdung, die bleiernen Alltag in das Gold der Träume zu verwandeln vermag.« *L'Express, Paris*

»Von Voltaires Candide hat Santiago die Gutgläubigkeit, von Saint-Exupérys kleinem Prinzen die Fähigkeit, mit dem Herzen zu begreifen... *Der Alchimist* ist eine Reise zur Weltenseele... ein glückbringender Wegweiser.« *Frankfurter Allgemeine Zeitung*

»Ein Buch voller Poesie.«
Welt am Sonntag, Hamburg

Auch als Diogenes Hörbuch erschienen,
gelesen von Christian Brückner

Paulo Coelho

Leben

Gedanken aus seinen Büchern

Aus dem Brasilianischen von
Cordula Swoboda Herzog und
Maralde Meyer-Minnemann
Illustrationen von Anne Kristin Hagesæther

Was heißt Leben? Liebe, Rückschläge, Glücksmomente, Glaube und Verlust? Einsamkeit annehmen, das Risiko des eigenen Weges eingehen, Fehler wagen? Oder munteres Drauflosleben und der Mut, auf die eigene innere Stimme zu hören?
Zitate, die uns begleiten und die uns helfen können, »an das Unmögliche zu glauben, das wir im Alltag vollbringen können – und uns dieser Herausforderung zu stellen«.

»Alles sagt mir, daß ich kurz davorstehe, eine falsche Entscheidung zu treffen. Aber wer handelt, macht zwangsläufig auch Fehler. Was will die Welt von mir? Daß ich keine Risiken eingehe? Daß ich wieder dahin zurückkehre, wo ich herkomme, und nie den Mut aufbringe, ja zum Leben zu sagen?«
Paulo Coelho in ›Elf Minuten‹

Wie soll man leben?
Anton Čechov liest Marc Aurel

Herausgegeben, aus dem Russischen übersetzt und mit einem Vorwort von Peter Urban

Die *Selbstbetrachtungen* Marc Aurels – des römischen Kaisers und Stoikers – gehören seit annähernd zwei Jahrtausenden zu den meistgelesenen Werken der Menschheit. Philosophen, Staatsmänner und Literaten aller Zeiten fanden durch die Lektüre dieser Maximen zu mehr Gelassenheit und Seelenfrieden.
Bis heute wurde kaum erkannt, von welcher Wichtigkeit Marc Aurels *Selbstbetrachtungen* für das Werk von Anton Čechov sind: Das Buch machte sämtliche Umzüge mit und mußte jederzeit zur Hand sein. Peter Urban, Herausgeber und Übersetzer, hat in Jalta Čechovs Handexemplar der *Selbstbetrachtungen* studiert, das zahlreiche Randbemerkungen und Anstreichungen enthält, und stieß dabei auf Stellen, die Čechov mehr oder weniger wörtlich in sein Werk – seine Erzählungen, Theaterstücke und Briefe – integriert hat. Dieser Band bringt den Teil der *Selbstbetrachtungen*, den Anton Čechov für sich als Künstler wie als Mensch für wichtig hielt, den er, wäre er Herausgeber einer Marc-Aurel-Edition gewesen, ausgewählt hätte.

»Čechov hat sich in einer Phase der Krise die *Selbstbetrachtungen* regelrecht erarbeitet und zu eigen gemacht. Als für ihn die Frage nach dem Sinn seiner Existenz immer bedrängender wurde, suchte er bei Marc Aurel Rat – und fand ihn.« *Peter Urban*

»Ich wünsche Dir reinen Himmel, heiteres Gemüt und empfehle als mein Stärkungsmittel den Marc Aurel. Man wird so ruhig dabei.«
Friedrich Nietzsche an seinen Freund Erwin Rohde